合唱指導

がもっとうまくなる

*Tips*大全

―――― 黒川 和伸 ――――

明治図

JN040217

はじめに

「知識は，実践しなくては価値がない」（チェーホフ）

　私の好きな言葉です。

　本書は，突然合唱部の顧問をすることになった悩める若い先生方，そして，パートリーダーや学生指揮者など，部の指導的立場になった合唱部員のために書きました。

　今やインターネットであらゆる情報が入手できます。しかしながら，合唱指導の実践に関する悩みごとは，インターネットでもなかなか解決できないのも事実です。その理由の一つは，合唱指導が指導者と学習者とのかかわりの中に存在するからでしょう。そこでヒントとなるのは次の言葉です。

「理論と実践の往還」

　本書を利用すれば，現在の指導経験にかかわらず合唱指導に必要な基本的な知識を得ることができます。私は専門性（合唱指導者にとっては指導力）を身につけることが，先生方の顧問としてのやりがいや，自信につながると信じています。
　また，反対にやりがいを感じられるようになると，指揮も指導技能の習得もさらに早まるでしょう。

もちろん，本を読んだだけで優れた合唱指導者になった人はいません。本書に書いてあることを実践してみること，そして，それらを省察し，工夫を加えて再び実践することが最もよいレッスンになります。それによってあなたのオリジナルの合唱指導法が生まれるでしょう。

　顧問の先生であればご自身が合唱団に所属して実際に合唱活動を経験することや，時間があれば，合唱の演奏会に通い，素晴らしい合唱団のメソードをよく観察することもさらなる学びになります。

　さあ，一緒に合唱指導の勉強を始めましょう！

2023年４月

黒川和伸

本書の使い方

　本書のタイトルにある「Tips」とは，日本語で「コツ」のことです。

　本書には筆者が実践の中でブラッシュアップしてきた合唱指導の「Tips」
と，押さえておきたい合唱や発声に関する理論を理解するための「Tips」
が Q&A 形式で，【発声指導】【合唱指導】編を合わせて，182項目収められ
ています。

　本書のオススメの使い方は以下の通りです。

頭から通読する

　まずは一度，頭から通読してみてください。一回ですべてを理解しようと
する必要はありません。疑問が残ったページや言葉は印をつけて，何度も読
み返したり，意味を調べてみたりしてください。

課題に出会ったときに該当箇所を読む

　もちろん，課題に出会ったときに該当箇所を読むことも可能です。全体の
つながりはわからなくても，たいていの項目はそれだけを読んでも理解でき
ると思います。

Tips をカスタマイズして日々の練習に取り入れる

　本書に書いてある Tips を実際に練習で実践してみましょう。どれも筆者が日々行っているものばかりです。皆さんそれぞれの合唱活動に合わせて，役に立ちそうな Tips を，カスタマイズして練習に役立ててみてください。まさに「理論と実践の往還」です。

質問は Twitter で

　本書の内容についての疑問点を筆者の Twitter にリプライすることで筆者に直接質問することができます（もしよかったらフォローもよろしくお願いします）。

　日本全国，津々浦々に合唱指導に伺うと，現場の先生方から「学校に音楽教師は自分しかいないので，指導法について意見交換ができないのが悩みです」とのお声をいただきました。本書が，合唱指導をするすべての先生方との意見交換や，一緒に学び合うことができる，一つのきっかけになれば幸いです。

黒川和伸・Twitter アカウント
@chorusmasterK

Contents

合唱指導の Tips

練習計画

音取り

その他合唱指導全般

おわりに

Q.1
歌いだし練習って何？

　　歌いだし練習というのは，スタッカートの練習を行うことで喉詰め声
Ａ や息もれ声を矯正し，バランスの取れた歌いだしができるように調節
する練習です。まずは歌いだし練習（スタッカート練習）をしてみましょう。
「ハッハッハッハッハ」と一つの音高をスタッカートで歌います。一拍ずつ
息つぎをすることですべての音が歌いだしの練習になります。

　歌いだしには以下の3種類があります。

①息もれした歌いだし
　息が流れる前の声門の接近が甘く，息が流れすぎている。
②硬い歌いだし
　息が流れる前に，声門が固く閉じている。
③バランスの取れた歌いだし
　息が流れる前の声門の接近が適切で，息が流れ始めると適切に声が出る。

　この中で，基本的に好ましいのは③です。矯正目的や表現の必要性から，
①②を用いることはありますが，いずれにしてもこの2つはあくまでイレギ
ュラーな状態であると考えてください。「バランスの取れた歌いだし」とい
うのは，喉詰めでも息もれでもない好ましい声の出始めを指します。自分以
外には聞こえない大きさの子音 h を母音に先行させて「(h) アッ (h) アッ
(h) アッ (h) アッ (h) アッ」とスタッカートをすると，段々バランスの
取れた歌いだしができるようになります。

　声門摩擦音 h と声門破裂音 ? は，声帯の接近の性質を決定する機能があ
ります。したがって，声門摩擦音 h と声門破裂音 ? を利用した歌いだしの
練習をすることで喉詰め声や息もれ声を矯正することができます。

Q.2
アタック気味になってしまうのを
回避するには？

A アタック気味になるときは，呼気よりも先に，声門が閉じています。haやsaなど，無声子音＋母音のシラブルで歌いだしの練習をして，呼気の後に声門を閉鎖する（母音を発語する）感覚をつかみましょう。

　弦のように入りたいのにアタック気味になるときは，硬い歌いだしになっています。つまり息が流れる前に，声門が固く閉じてしまっています。したがって，硬い歌いだしを改善して「バランスの取れた歌いだし」ができるように練習すると，状態が改善します。

　矯正法は，次の通りです。アタック気味になる音だけを取り出して，スタッカートで歌いだしの練習をします。「バランスの取れた歌いだし」は，息もれした歌いだしと，硬い歌いだしの中間に位置します。息もれ気味の場合は硬い歌いだしの練習を，硬い歌いだしの場合は息もれした歌いだしの練習をするとよいでしょう。したがって，弦のように入りたいのにアタック気味になる場合も，まずは息もれした歌いだしの練習をして，徐々に息を減らしてバランスの取れた歌いだしになるようにしましょう。息もれした歌いだしをすると，その後のフレーズも息もれ気味になります。硬い歌いだしをすると，その後も喉声気味になります。「バランスの取れた歌いだし」ができれば，その後もバランスの取れた声になります。

　歌いだし練習の注意点は，次の通りです。

・練習を通して肋骨の拡がりを意識する。
・胸骨を高い位置に維持する。
・内側から胸骨に空気を寄りかからせる感覚を意識する（声門閉鎖を含む）。
・お腹を動かそうとしない（勝手に動く）。

Q.3
声門閉鎖をするのによい練習法は何？

　　　「歌いだし練習」をオススメします。「歌いだし練習」というのは，
スタッカートの練習を行うことで歌いだしの声門の接近具合を矯正し，
バランスの取れた歌いだしができるように調節する練習です。

　歌いだしの声門の接近具合は，後続するフレーズの音色に影響を与えます。
「声が柔らかすぎて物足りない，鳴らしきれない」という状態は，歌いだし
の観点から説明すると発声開始時の声帯の接近が不十分で，「柔らかい歌い
だし soft onset」をしている状態です。したがって，「声門閉鎖の練習を
しなさい」というのは，「柔らかい歌いだしを矯正して，バランスの取れた
歌いだし（発声開始時の声帯の接近が適切な歌いだし）にしなさい」という
意味であると解釈できます。

　歌いだし練習の練習手順は，次の通りです。

① 　静かな吸気にする。
② 　音高に集中した，いきいきとした歌いだしをする。息を詰めない。
③ 　歌いだす。フレーズ全体を通していきいきしている。
④ 　歌いおわる。
⑤ 　素早い吸気をする。肋骨のポジションは静かに安定している。ブレスは
　　次のフレーズのために吸う。

　息継ぎは姿勢を保って行われ，さらに次の歌いだしの瞬間に胸郭を下げな
いようにします。次の歌いだしを正しく行うためには，歌いだしの直前のブ
レスで，歌いだし時の声道のフォームが確定される必要があるからです。

Q.4
初心者に声門を閉じる感覚を
伝えるには何が有効？

A 「わざとねこ背になって，あかんべーのように舌を出して歌う」「咳をこらえる」「空咳をする」「重たいものを持ち上げるときの息こらえ」「ぞうきんしぼりをするときの息こらえ」「唾を飲み込む」「オエっと吐く真似をする」あたりがよいかと思います。そもそも音声を発するときには声門は必ず閉鎖しますが，歌唱技術以前の問題として，元々ハスキーな声の持ち主であったり，ため息まじりの優しい話し方をする人であったりする場合は声門の接近が甘くなりやすいため，意識的に声門を閉鎖する感覚を確認してもらうのはよいアプローチだと考えられます。

　声門を閉じる感覚を合唱初心者に伝えるためには，実際に声を出しながら練習することが有効です。声門閉鎖は口の開き具合に影響を受けますので，声門閉鎖の感覚を身につけるために，「ギー」や「ミー」といった音を発音しながら練習するのがオススメです。声門を閉じる感覚を伝えるためには，他にも以下のような方法が有効です。

①声門の位置を示す
　声門の位置を手で指し示しながら，軽く咳払いをして，その位置に意識を向けるように伝えます。
②視覚的な参考資料を示す
　声門の使い方を視覚的に示すために，動画や図を用いて正しい声門の使い方を伝えることができます。

　合唱初心者に声門を閉じる感覚を伝えるためには，上記の方法を組み合わせて使用することが効果的です。また，実際に歌唱をすることで感覚を身につけることができるため，繰り返しの練習を重ねることが重要です。

Q.5
合唱初心者の息もれ声の改善についての
指導のコツは？

Aまず，息の吐きすぎに注意です。ため息のように胸骨を下げながら歌うと息もれ声になります。次に，うなじの緊張が弱いと声門の閉鎖が甘くなり息もれします。そして，頬の表情筋（目の下の筋膜）を持ち上げ，鼻に息が抜けないようにすると息もれが減ります。

息もれ声の原因ですが，肺からの呼気量をコントロールする方法には以下の2つがあります。

①**声門の閉鎖を強めて呼気をせき止める**
②**肺が収縮する速度を落とす**

息もれ声の改善には，まず「喉声」を出してみるのがオススメです。一般的に「息もれ声」よりは「喉声」の方が早く解決します。上記のうち一つはできているからです。また，息もれ声の解決策ですが，息の吐きすぎに注意しましょう。前述の「声門の閉鎖を強めて呼気をせき止める」「喉声」の状態で吸気時に引き上げた胸骨が下がらないようにすることで，「喉声」が改善してバランスのよい歌声になります。

うなじの緊張が弱いと声門の閉鎖が甘くなり，前述の「声門の閉鎖を強めて呼気をせき止める」がうまくできなくなります。胸を上げて顎を引き，首の前を短く，後ろを長くするイメージで身長が一番高く測られる姿勢をとると，うなじに適度な緊張が生まれ，喉頭（喉仏）の位置が安定して声門閉鎖が確実に行われやすくなります。

頬の表情筋（目の下の筋膜）を持ち上げると，軟口蓋（なんこうがい）が連動して挙上します。軟口蓋が挙上すると鼻への通路がふさがれ，鼻に息が抜けないようになり，息もれが減ります。

Q.6
響きを増やすためには，
どういうことに気をつければいい？

A 息もれ声のように，声に息のノイズ（雑音）が混じると響きを減らしてしまいます。この状態は「アンチ・フォルマント」と呼ばれています。一方でよく響く声には「シンガーズ・フォルマント」が含まれています。

例えば，「ホールで飛ぶ声」と「そば鳴り声」があります。コンクールなどを2階席で鑑賞すると，声がよく届いてくる団体があることは，皆さんお気づきだと思います。声がよく届いてくる団体には，どのような秘密があるのでしょうか。

その問いの答えの一つがシンガーズ・フォルマントだと言えるでしょう。外耳道のもつ，音圧増幅作用によってシンガーズ・フォルマント，すなわち3,000Hz付近の周波数帯の音響エネルギーは聴き手の耳の中で音圧が増幅されます。つまり，シンガーズ・フォルマントは聴こえやすいのです。それに対して，いわゆる「そば鳴り声」は，練習室や狭いホールではうるさいくらい鳴りますが，シンガーズ・フォルマントをもたないため，大きなホールではあまり聴こえないのです。

ちなみに，共鳴と残響は違います。練習場で歌っているときにホールの客席で鳴っている残響をイメージして声をつくっても，うまく共鳴しません。風呂場に響いているようなイメージや煙がふわふわと出ているイメージは，いずれも共鳴と残響を取り違えています。

このタイプの声を「そば鳴り声」と言います。狭い部屋では響いて聴こえても，ホールで歌うと霧のように散らばって響かなくなってしまいます。

Q.7

シンガーズ・フォルマントを
声に含ませやすくするには？

A シンガーズ・フォルマントを声に含ませやすくするためには，適切な
呼吸法と共鳴を身につけることが重要です。

適切な呼吸法を身につけるためには，アッポッジョを意識的に練習することが大切です。息もれがあるとシンガーズ・フォルマントがうまく出ません。胸骨を高く保ちながら呼吸することで，横隔膜の収縮を遅らせることができ，息もれを減らすことができます。

適切な共鳴を身につけるためには，シンガーズ・フォルマントを出すために必要な筋肉を意識的に使用するように練習しましょう。

・頬の表情筋（目の下の筋膜）を挙上することで軟口蓋を挙上する。

・舌を奥に引っ込めない，音域によって顎の落とし具合を調整する。

・力みすぎた歌いだしや息もれした歌いだしを避けてバランスの取れた歌い
  だしを使用しながら声を出す。

などを常に意識しましょう。

ため息声や息もれ声は，声門閉鎖と呼気量の問題です。いわゆる「ハスキーな声」は，閉じている声門に対して過剰な息が送られ，アンバランスな状態になり，母音の音声の他に気息音（ｈの子音）が混じっています。ため息をつくように胸郭を大きく上下させると肺から大量の息が放出されるため，声門が閉鎖する抵抗と呼気圧のバランスが崩れますので注意が必要です。

共鳴のバランスを取るために，口の開け方と喉の開け具合を合わせ，さらに呼気と共鳴のバランスを取るために，バランスの取れた歌いだしになるように声門の接近具合を注意深く調節することで音色を導いていきます。

Q.8
アッポッジョって何？

　　まず，「支え」とは何でしょうか。歌うのに邪魔な筋肉の緊張を「力み」と呼び，歌うのに必要な筋肉の緊張を「支え」と呼ぶとわかりやすいです。それでは，アッポッジョとは何でしょうか。喉頭での不要な抵抗を増やすことなく肺が収縮する速度を落とすことができるテクニック，それがアッポッジョです。アッポッジョの語源であるイタリア語のappoggiareは，「寄りかかる，連携する，支える」という意味の動詞です。アッポッジョでは局部的な「力み」を，身体全体の「支え」に分散させます。

　　それでは，なぜ「支え」るのでしょうか。結論から言えば，「支え」ることによって，多くの発声の課題が解決するからです。例えば，女声の息もれ声も，男声の喉声も改善します。また，「支え」は感情，喜怒哀楽と結びついています。「支え」のない歌声は無表情に聞こえます。声を出すためにはどこかに力を入れなければいけません。必要なところに力を入れずに歌うと，歌うのに不要な筋肉が緊張してしまいます。例えば，歌うのに必要な筋肉の緊張をさせずに，喉だけに力が入っている声を「喉声」と呼びます。

　　また，何のために「支え」るのでしょうか。それは，発声器官の3要素を連携させるためです。発声器官は，

・原動力（呼吸管理）
・振動器（喉頭）
・共鳴器（声門上の声道）

の3つの部分から構成されています。言い換えれば，声について何らかの問題を抱えている状態は，単に共鳴や呼吸法といった独立した問題ではなく，発声器官の3要素の連携に不具合が生じている状態なのです。

Q.9
アッポッジョの利点と教え方のコツとは？

A　アッポッジョは指導者が姿勢や胸郭の安定を目で確認することができ，他の呼吸法より指導しやすいため，指導や初学者の基礎固めに適しています。筆者は以下のようにアッポッジョを教えています。

①身長が一番高くなるように立つ
　身長が一番高くなるように反り返らせる→胸骨の位置が高くなり，品のよい姿勢となる。首の前が短く後ろを長くする→「うなじの支え」ができる。それにより，喉仏の位置が安定する。

②息を吸う
　お腹は，みぞおちと脇腹が膨らむ（背筋を伸ばしているので，へそ周辺や丹田のあたりはあまり膨らまない）。肋骨が心地よく全方位に拡がる。

③息を吐く
　呼吸筋が緊張する（あくびをこらえるような感じ）。音が高くなるとき，音量を増すときに，呼吸筋の緊張のエネルギーを増す。肋骨・腹壁は，息を吸った直後の拡がりを保つ。

④息つぎをする
　上記のフォームを崩さない。肺を満タンにしようとしすぎない。

　アッポッジョを体得するために，歌いだし，アジリタ agilità の練習をしましょう。理屈がわかったうえで練習すると，アッポッジョに必要な筋肉組織の成長が始まります。すると，緊張に代わって柔軟性が生まれます。また，音色がよくなり，フレーズの持続期間が延びるのです。

Q.10
「支え」ようとした際の
「力み」を取るには？

A 「支え」ようとして，力を入れて歌っているが，「力み」が取れない
場合は，以下のポイントをチェックしてみてください。

① 歌唱に関する力みは息を余計に吐いてしまうことが主な原因です（呼吸
管理の不備）。

② 適正な呼吸管理を行うためには胸骨を挙上して，肺が空気で満ちた状態
を保持するために腹壁で胸郭を支えます。

③ ②の状態を保ちながら呼気をすると（歌唱すると），呼気筋が胸骨を下
げようとする力と胸骨を下げまいとする腹壁の力が拮抗して体幹が緊張し
ます（ラ・ロッタ・ヴォカーレ）。

④ ラ・ロッタ・ヴォカーレが働くと，息を余計に吐かなくなり（十全な呼
吸管理）結果，呼気圧が安定して力みが取れます。

「支え」ようとして，力を入れて歌っているが，「力み」が取れない場合は，
上記のいずれかのポイントで不備が生じている可能性があります。一つずつ
チェックしてみてください。

息をたくさん吐きたいのであれば，ため息をつくようにすればあっという
間に大量の息を吐くことができます（鎖骨呼吸や胸式呼吸）。歌の場合は，
その真逆の呼吸法を用いる必要があります。つまり，ロングブレスをすると
きのようにする必要があります。ロングブレスができるということは，息を
余計に吐いていないということです。

胸骨を挙上して肺が空気で満ちた状態を保持するために腹壁で胸郭を支え
ていなければ，それは単に「新たに余計な力みを生み出しているだけ」であ
り，これではどんなに力を入れても意味がありません。

Q.11

「ラ・ロッタ・ヴォカーレ」とは何？

A 歌唱時に過剰な声門下圧がかからないようにするためには，できるだけ長く，ゆっくりと呼気をしなければなりません。そのとき生じる呼気筋と，呼気筋との拮抗を「ラ・ロッタ・ヴォカーレ la lotta vocale（イタリア語で「声の闘い」の意）」と呼びます。歴史的には，19世紀後半に活躍した，声楽教師であったランペルティ Lamperti が言及したのが始まりとされています。

　呼気時に何もしなければ，胸はため息をつくような動きをして，胸骨の位置は下がってしまいます（胸式呼吸）。それに対して，アッポッジョでは，胸骨の位置を吸気の位置に保つことが大切です。胸骨の位置を吸気の位置に保つことによって，アッポッジョでは胸式呼吸よりも，長く，ゆっくりと呼気をすることができます。

　長く，ゆっくりと呼気をすると，歌唱時に過剰な声門下圧がかからないようにすることができます。そのとき生じる呼気筋と，呼気筋との拮抗が「ラ・ロッタ・ヴォカーレ（イタリア語で「声の闘い」の意）」です。それによって，次の息つぎにおいても胸の動きは最小限になり，息つぎは雑音を伴うことなく行われるようになります。

　声門で息をこらえようとしてはいけません。声門で息をこらえようとすると，胸の位置が悪くなっても長く，ゆっくりと呼気をすることができますが，これはアッポッジョではありませんし，このとき胸にかかる気圧はラ・ロッタ・ヴォカーレによるものではありません。

Q.12
アッポッジョのやり方とは？

A 余計な息を吐かないように，肋間筋を使って肋骨を外側へ広げて，息を吐くときも歌うときも肋骨の開きがなくならないように保つ，というやり方は，イギリスの流派で実践されていた「肋骨固定法」という呼吸管理法で，アッポッジョとは異なります。歌唱時のゆっくりとした息の吐き方（アッポッジョ）の方が，会話時の早い息の吐き方（鎖骨呼吸）に比べて，肋骨が長く広がったままになることは確かですが，肋間筋のみを局所的にコントロールして肋骨を外側へ保持しても，胸骨が下がってしまえば，横隔膜は収縮してしまい，息の放出を遅らせることができません。

アッポッジョでは，胸骨を下げないために腹部の筋肉（腹横筋，内腹斜筋，外腹斜筋）の使い方を訓練する必要があります。歌唱時に胸骨の位置が下がってくると，ため息のように，歌うのに必要のない余計な息を吐いてしまいます（胸式呼吸）。歌唱時に胸骨の位置が下がってくるのは，安定した呼吸管理を身につけていない人に共通する問題です。

歌うときに息を吸う体勢を安定させるためには，特に腹部の筋肉（腹横筋，内腹斜筋，外腹斜筋）の使い方を訓練する必要があります。細いストローを使って腹部の筋肉の使い方を訓練するエクササイズをしましょう。

やり方は簡単です。細いストローをくわえて，練習中の曲を歌ってみてください。そのときの腹部の筋肉の緊張感がアッポッジョに必要な腹部の筋肉の緊張（ラ・ロッタ・ヴォカーレ）です。一日数回でよいので，数か月続けると，アッポッジョに必要な腹部の筋肉の使い方を覚えることができるでしょう。

Q.13
腹式呼吸とアッポッジョにおける
腹壁の役割の違いとは？

A　腹式呼吸では，腹壁はふいごの役割をしたり，極力外側に張り出すことによって横隔膜を低い位置に止めおこうとする（実際にはできません）役割をしたりします。一方で，アッポッジョでは，腹壁は胸骨を吸気時の位置に保つ（結果として，横隔膜を吸気の位置にできるだけ長い時間保つことができます）ために胸郭を下支えする役割を担います。

　腹式呼吸において腹壁はふいごの役割をさせて，息を流そうとすることがありますが，そもそも息は，肺の中の気圧が外気圧より高くなれば，勝手に流れていきます。

　また，腹式呼吸では，極力外側に張り出すことによって横隔膜を低い位置に止めおこうとする（実際にはできません）役割をしたりしますが，腹式呼吸をしようとして腹壁を膨らませて息を吸おうとすると，胸郭が下がってしまいます。

　一方で，アッポッジョでは，腹壁は胸骨を吸気時の位置に保つために胸郭を下支えする役割を担います（ちなみに「これ以上は高くできない」という位置は高すぎます）。動きとしては，腹式呼吸のようなふいごの動きというより，笑いを堪えるような動きをします。3連符や16分音符，6連符の同音連打によるスタッカート練習（歌いだし練習）をすると，アッポッジョにおける腹壁の動きと緊張具合を確認できます。

Q.14
喉で音程を取る癖を
どう改善する？

A 歌うのに必要な筋肉の緊張＝「支え」がないと，歌うのに不要な筋肉の緊張＝「力み」が生じます。例えば，ピアノという楽器は奏者に自信がなくても楽器の構造は歪みませんが，声という楽器は歪みます。

　そこで，この点を意識してみてください！

　「喉で音程を取る」

　なかなか面白い表現ですよね。「喉で音程を取る」という状態は一般的に，音が取れていないときに歌うのに必要な筋肉の緊張＝「支え」を抜いてしまい，喉に力み（歌うのに不要な筋肉の緊張）が生じている状態を指します。「喉で音程を取る」状態にならないようにするコツは，以下の2つです。

①自信がないときであっても「支え」を抜かない

　誰でも自信がなくなると無意識のうちに身体の力を抜いてしまいがちです。身体の力を抜いてしまって「支え」＝歌うのに必要な筋肉の緊張がなくなってしまうと，喉に「力み」＝歌うのに不要な筋肉の緊張が生じてしまい，「喉で音程を取る」状態になってしまいます。

②自信をもって音が取れるようになるためにソルフェージュを磨く

　①と並行して，そもそも自信がなくならないように，自信をもって音が取れるようになるためにソルフェージュを磨くことも，もちろん大切です。

　以上，2つのポイントを訓練することで状態が改善されるでしょう。ぜひ，継続的に取り組んでみてください。

アッポッジョ

Q.15
z 子音で練習すると
レガートがうまくなるってどういうこと？

A　レガートに歌うには「支え」を習得する必要がありますが，z 子音で歌うと胸のあたりで呼気筋と吸気筋がせめぎ合う感覚（鼻をかむときや，細いストローに強く息を吹き込もうとしても空気がせき止められる感覚）を意識することができ，ゆえに，z 子音で歌う練習をすると「支え」の感覚が身につきレガートで歌うことができます。

　歌うのに必要な筋肉の緊張が「支え」，歌うのに不要な筋肉の緊張が「力み」であると定義すると，「レガートに歌うには支えを習得する必要がある」＝レガートで歌うために必要な筋肉の緊張をつくり出す必要があることがわかります。
　z 子音で歌うと，胸のあたりで呼気筋と吸気筋がせめぎ合う感覚を意識することができます。これがレガートで歌うために必要な筋肉の緊張です。ゆえに，z 子音で歌う練習をすると「支え」の感覚が身につき，レガートで歌うことができます。

　ちなみに，z 子音で歌うためには軟口蓋を挙上して鼻への通路を塞がなければなりません。鼻への通路を塞がないと n 子音（口の開いたハミング）や m 子音（口を閉じたハミング）のような音になってしまいます。軟口蓋は，「柔らかい口の蓋」の文字通り，柔らかく動かすことができて，口腔と鼻腔をつなぐ通路を開けたり閉めたりする蓋の役割をしています。
　なお，歯茎と軟口蓋の間にある硬い部分が硬口蓋です。硬口蓋は「硬い口の蓋」の文字通り，動かすことはできません。

Q.16
フレーズの終わりで
ブツっと切れないようにするコツは？

A 「休符」は「休憩」ではありません。フレーズ終わりの瞬間に「支え（歌うときに必要な筋肉の緊張）」をゆるめてしまうとブツっと切れてしまいます。フレーズ末の音符を，次の休符まで，支え（歌うときに必要な筋肉の緊張）をゆるめないようにして歌ってみてください。

　どんなに効率的に呼吸管理をしても，非常に長いフレーズの終わりでは，呼気が少なくなります。このようなときは胸骨と胸は下がり，ブツっと切れるような歌いおわりになりがちです。これらを阻止するためには，いつも品よく背筋を伸ばす必要があります。

　「歌いおわりは，新しい呼吸である」
をキーワードに，次の歌いだしに備えましょう。

　適切な歌いおわりのためには，胸郭を下げないことが重要となります。歌いだしや，長いフレーズの途中，歌いおわりで胸の位置が下がるのは，安定した発声法を身につけていない人に共通する問題です。

　歌いおわりのことを，英語で release と言います。歌いおわりで重要なことは，歌いおわりに胸郭を下げないことです。フレーズ末で気を抜かないようにします。腹壁の筋肉と背筋が働いて，胸郭が高い位置に保たれている必要があります。

　歌いおわりに続く，吸気の（息を吸う）瞬間も胸郭を下げないことが大切です。このときも気を抜かないようにします。歌いおわりに引き続き，腹壁の筋肉と背筋が働いて，胸郭が高い位置に保たれている必要があります。

アッポッジョ

Q.17
速いテンポの曲において，
支えがぶれないようにするには？

A 支えがぶれないテンポまでいったん遅くして，段々速くしてみてください。「苦手な部分はのびしろ」です。練習してみてください！ 速いテンポの曲では，「支え（歌うのに必要な筋肉の緊張）」が間に合わなくなり，「支え」がぶれるような，浮いた声になりがちです。この状態で曲自体を歌うことに慣れても，「支え」の技術が伴わなければ解決しません。「支え」がブレないテンポまでいったん遅くしてみましょう。そして，徐々にテンポを上げていきましょう。

　息がもたなくなる場合は，適宜ブレスの回数を増やしてください。テンポを落としているのはあくまでも練習のためであって，最終的にテンポを落として演奏するわけではないので，テンポを落とすと一息で歌えなくなる場合は，適宜ブレスの回数を増やして練習して構いません。

　テンポを落としてもうまく歌えない場合は，そもそもソルフェージュができていない可能性があります。出すべき音を正確に把握していないと，躊躇してしまい，「支え（歌うのに必要な筋肉の緊張）」が入らないことがあります（そもそもテンポ以前の問題だったということです）。

　単にテンポが速いだけでなく，歌詞を早口で歌わなければならない曲の場合は，歌詞だけ読む練習をする必要があります。この場合も，まずはテンポを落として歌詞を読む練習をしましょう（テンポを落としても歌詞が読めない場合は，ソルフェージュと同様，そもそもテンポ以前の問題だったということです）。

Q.18

力んでいる絞めたような
発声にならないためには？

A 「力み」＝歌うのに不要な力は，歌うのに必要な力＝「支え」がない
と生じます。身長が一番高く測られるように立った状態で，鼻をかん
だり，細いストローに息を吹き込んだりするように首から下に力を入れてみ
てください。身長が一番高く測られるように立った状態で，というのが大事
です。猫背の状態だと，「支え」が機能せずにうめき声のような声になって
しまいます。

　「できる限り身体に力を入れている」という場合，脱力をしないといけな
いと考えるかもしれませんが，まずは姿勢についてチェックしてみるとよさ
そうです。「必要な力は入れて，不要な力を抜く」というのは，自分の意思
で行うというより，よい姿勢をとり，それをキープしようとすれば自ずから
必要な力だけがかかるようになる，というのがうまくいっているときの感覚
です。

　姿勢をチェックしても「どうにも不必要な部分まで力が入り，力んでいる
絞めたような発声になってしまう場合が多い」ということであれば，歌って
いるフレーズのキーが高かったり，ロングトーンが続くフレーズだったり，
早口の発語が要求されるフレーズだったりするかもしれません。

　この場合はキーを下げたり，フレーズを短く区切ったり，テンポを落とし
て練習する必要があります。現状では，今取り組んでいるフレーズを歌うに
は，「支え」の技術が足りないということになります。このように負荷を下
げたところから，負荷を少しずつ上げていくことによって「支え」の技術を
より確実なものにしていきましょう。

Q.19

顎や肩が上がらないようにするためには？

A　まず，姿見＝大きい鏡でチェックしましょう。次に，背筋を伸ばし，胸を張って，首の後ろを伸ばすようにすると顎を引きやすくなります。そして，肩をこれ以上上がらない状態で歌うようにすると，疲れて肩が下がります。

　ちなみに撫で肩の方が発声に悪影響があることが多いので，多少いかり肩気味でも，地面に対して水平くらいなら OK です。

　そもそも，歌っているときの身体の感覚と，実際の歌唱状況は一致していないことが多いです。大きい鏡を使って，自分が歌っている姿をよくよく見てみると，まさに一目瞭然，ということも少なくありません。また，顎や肩が上がるのは，顎や肩を下げると歌いづらいと感じているから，という可能性があります。

　では，「歌っているときに，顎や肩が上がっているのはわかっているのだけれど，顎や肩を下げると歌いづらいので直せない」というときはどうすればよいでしょうか。顎や肩が上がる＝顎や肩に歌うのに必要のない筋肉の緊張＝「力み」があると考えると，歌うのに必要な筋肉の緊張＝「支え」が必要なことがわかります。背筋を伸ばし，胸を張って，首の後ろを伸ばすようにすると顎を引きやすくなり，「支え」が機能しやすくなり，結果として肩が上がりにくくなるでしょう。

　もちろん，元々「いかり肩」，つまり歌っていないときにも常に肩が上がっているなら，無理に下げる必要はない可能性もあります。この場合，無理に下げるとむしろ胸が下がって歌いづらくなる可能性があるので，注意してください。

Q.20
全体で合わせるときに，喉声にならないようにするには？

A 発声練習のときは比較的によい声で歌えているにもかかわらず，全体で合わせると喉声になってしまう，ということは，頭ではわかっていても，何らかの要因によって，喉声にならないための「支え」（歌うのに必要な筋肉の緊張）が，疎かになってしまっている，と考えられます。

喉声になってしまう，というのは，つまり喉に力み（歌うのに不要な筋肉の緊張）が生じたために，音色が歪んでいる状態です。では，喉声にならないための「支え（歌うのに必要な筋肉の緊張）」が疎かになってしまう要因は何でしょうか。発声が疎かになる心理的要因，および技術的要因を排除すれば改善が見込めると考えられます。

「音を間違えたらどうしよう」
「変な声を出してしまったらどうしよう」

などと，あまり考えすぎないようにさせましょう。起きてもいないことに気を取られずに，問題のある部分を改善していくことに集中させましょう。

そもそも，間違えてもいいので，まずは充実したしっかりしたサウンドで歌えるようにしよう，という心構えで練習に参加させることです。まずはしっかりした素材がないと，フレージングを造形していく（削り込んでいく）ことができません。

同様に，発声が充実していない状態でピッチの精度を上げようとしても，あまり効率的ではありません。逆に発声が充実してくれば，ピッチの精度も自ずから上がってきます。

Q.21
高音を出す際に苦しくならない発声法とは？

A 音源（声帯振動）に対して共鳴管である声道（口腔＝口の中と咽頭腔＝首の中）の固有振動数がマッチしたうえで，適切な姿勢と，支えの技術によって呼吸管理ができるようになると苦しくなく高音を出すことができます。高音域で喉が苦しいときにただ単に喉の力を抜いても，それは音量が下がった結果喉が楽になっているだけで，根本的な解決にはなっていないので気をつけましょう。

　そこで，音が高くなるにしたがって，次の4つのバランスをとる練習をしてください。

① 頬（目の下の筋膜）を持ち上げる。
② 口を開けていく。
③ 姿勢を，身長が一番高く測られるように立つ。
④ 「支え」（歌うのに必要な筋肉の緊張＝笑いやあくび，吐き気をこらえるときのような首から下の緊張）を増す。

　①②に関しての注意事項を以下に述べます。①は，高音域を歌うためには中音域を歌うときよりも口を開けていく必要がありますが，そのとき頬（目の下の筋膜）が下がってしまうと，軟口蓋がぶら下がり気味になったり，つられ舌が引っ込んでしまったりしがちになります。軟口蓋が下がって鼻に息が抜けたり，舌が引っ込んでしまったりすると高音域での共鳴バランス，特に高い方の倍音を失いがちになり高音域が出なくなってしまいます。②は，口を開けていくときは，あくびのように奥を開けるのではなく，例えば，りんごに大きなかじり跡をつけるときのように，シンプルに前を開けましょう。奥を開けようとすると，舌が引っ込んでむしろ高音域が響かなくなります。

Q.22

発声が浅く，喉声になっているソプラノに
どうアドバイスする？

A まず，本人に自覚があるか，改善したいと思っているかを確認してみてください。本人に自分の声が浅いという自覚があるか，そして，それを改善したいと思っているかを確認したうえであれば，「支え（歌うのに必要な筋肉の緊張）」について点検すれば比較的にすぐに解決します。

「支え」について点検してもなかなかよくならない場合，本人に自分の声が浅いという自覚があるか，そして，それを改善したいと思っているかを確認する必要があります。

歌っているときに自分に聴こえている声と実際に他の人が聴いている声は違います。例えば，口の開け方。唇を横に引いた方が自分には声の輪郭がはっきりして，よく声が出ているように聴こえますが，実際は浅い喉声になっています。

また，「支え」のない状態で，首から上だけで声のピントを合わせようとしていると，浅い発声になってしまいます。しかし，このような文字通り「身体を使っていない発声」をしているときの方が，歌っている本人の頭蓋骨の中ではカンカン鳴っていて，声が響いていると錯覚する人が結構多いのも事実です。

このような場合は，口の開け方や「支え」についてアドバイスしても，あまり変化がないことが多いです。時間をかけてゆっくりと，歌っているときに自分に聴こえている声と実際に他の人が聴いている声が違うことを理解してもらいましょう。

Q.23
アジリティとアジリタの違いは何？

A 英語の「アジリティ（Agility）」とは「敏捷性」の意味です。声楽技術の用語としてはイタリア語の「アジリタ（agilità）」に該当します。アジリタとは，細かく速い音符の連なりを素早く歌うテクニックです。アジリティ（アジリタ）を練習することで，呼吸器官や発声器官が固まりすぎないようにすることができます。

　本書では「敏捷性」という意味では英語の「アジリティ」を，声楽技術の用語としては，一般的に使われているイタリア語の「アジリタ」という言葉を用いて解説しています。なお，「メリスマ」「コロラトゥーラ」という用語も「アジリタ」と同様に，細かく速い音符の連なりを素早く歌うテクニックのことを指します。

　アジリタは，技術習得における重要な機能があります。ロングトーンをする能力を高めるのと同じくらい重要なのが，声を動かす能力です。

　　「支えとは，歌うのに必要な筋肉の緊張である」
　　「力みとは，歌うのに不要な筋肉の緊張である」

と定義すると，「どこからが力みで，どこからが支えか？」が問題になります。アジリタを練習することで，呼吸器官や発声器官に「力み」を生じさせず，固まりすぎないようにするための「支え」を具体的に感じることができるようになります。

　声楽芸術の歴史の中で，古くから，ロングトーンができる能力とアジリタができる能力は発声技術の両輪であると考えられてきました。あらゆる歌い手は，声を動かすこと（アジリタ）と維持すること（ロングトーン）の両方に必要な技術力を身につける必要があります。

Q.24
腹式呼吸でお腹が凹みすぎるのは，
何が原因？

A 骨が下がると横隔膜が上がってしまい，お腹も早く凹んでしまいます。お腹を膨らませすぎると，胸骨の位置が下がってしまうので，お腹の膨らませすぎにも気をつけてください！

「腹式呼吸」は定義が難しい用語の一つです。「発声指導者が10人いれば，10通りの腹式呼吸がある」と言われることがあるほどです。腹式呼吸でよくある誤解は，「お腹が膨らんでいれば，横隔膜は下がっている」というものですが，これは事実とは異なります。実際は，お腹が膨らんでいても，胸骨が下がると横隔膜は上がってしまいます。よかれと思ってお腹を膨らましていても，胸が低い位置にあれば結局，お腹はどんどん内側に入ってきてしまいます。お腹を凹ませないように腹部に力を入れても，胸の位置が下がれば結局同じことです。

極端な話，もし，お腹を膨らました状態を保つことができても，胸骨が「これ以上，下がることができない」という位置にきてしまえば，お腹を凹ませない限りは，息をそれ以上吐くことはできません。そもそもこのやり方は，単なる「胸式呼吸」です。どんなにお腹が膨らんでいても，胸が下がることで息を吐いている（胸をポンプのように使っている）なら，それは「胸式呼吸」です。

では，どのように息を吐けばよいでしょうか。胸を高く保ち，お腹は膨らますというより，胸が下がってこないように下から支えるように腹部の筋肉を使ってみてください。このような使い方なら，フレーズの後半ではもちろん徐々に内側に入ってきますが，お腹が内側に凹みすぎるということはないでしょう。ぜひ練習してみてください。

Q.25
腹式呼吸の効果的なトレーニングとは？

A 腹式呼吸を身につけたくてブレストレーニングを毎日しているのに，仰向けになっても立っていてもなかなか腹式呼吸ができない，ということがあります。息が足りなくなるのは，胸骨の位置が悪くなるのが原因なので，腹壁への意識はいったん置いておいて，胸骨が下がらないようにしてみてください。胸骨を比較的高くしてその位置を保とうとすると腹壁は息と自ら連動してきます。自分では腹壁を意図的に張り出しも引っ込めもしないようにするのがコツです！

コーラスの指導をしていると，腹式呼吸をしているつもりが，胸式呼吸になっている人を予想以上にたくさん見かけます。腹式呼吸というと，お腹の動きに意識がいきますが，お腹が動いていても，動いていなくても，胸骨が上下していればそれは胸式呼吸です。

したがって，毎日熱心にお腹を動かす練習をしていても，胸骨が上下していればうまくいかないでしょう。また，お腹を外に張り出し，それをキープするタイプの腹式呼吸（「腹式呼吸は指導者の数だけある」と言われることがあります！）を練習していても，胸骨が上下していればそれは胸式呼吸です。

効果的なトレーニング方法は，以下の通りです。

① 身長が一番高く測られるように姿勢よく立つ。胸骨を引き上げて，顎を引く。
② 胸骨を高い位置に保ちながら息を吐く。

腹壁を自分で凹ませようとしないのがポイントです。自分で腹壁を凹ませようとしてしまうと，すぐにこれ以上凹ませることができない位置まで凹んでしまい，結局胸骨を下げないと息が吐けなくなってしまいます。

Q.26
息を吸って吐く際に
最後まで息を保てないのはどうしたらいい？

A　お腹を膨らませすぎてしまうと，逆に息が足りなくなってしまいます。お腹を膨らませるより，むしろ胸部が下がらないようにしてみてください。胸部が下がるとお腹を膨らましていても横隔膜が上がってしまい，息が尻すぼみになりやすいです。

　「腹式呼吸で息を吸って吐くときにある一定のライン（16拍中10拍目くらい）まではお腹の膨らみをキープできるが，それ以降は急激にキープできなくなって尻すぼみしてしまう」ような場合は，10拍目まではお腹の代わりに胸部が段々下がってきてポンプの役割をしている，つまり，胸式呼吸をしている可能性があります。

　そして，10拍目あたりで胸部がこれ以上下がらないという位置まで下がり，お腹にポンプの役割が移った結果，それ以降はお腹の膨らみが急激にキープできなくなって尻すぼみしてしまうと考えられます。

　そもそも，「お腹が膨らんでいれば横隔膜が下がっている」という仮説は，残念ながら誤っています。お腹を膨らませていても，胸骨が下がると横隔膜は上がってしまいます。胸骨の位置は「これ以上，上がらない位置の一歩手前」がジャストポジションです。胸骨を上げすぎると，顔面や顎まで上がってしまい，むしろたくさん息を吐きたくなってしまって，結果，苦しそうな声になってしまいます。

Q.27
呼吸が浅くなったり，肩が上がったりを
改善する練習方法はある？

A 一回「腹式呼吸」は忘れてみましょう。吸気時に胸骨を挙上して下腹部あたりまで空気を入れようとしないようにします。呼気時に挙上した胸骨の位置を下げないようにすると，一息で歌える長さが長くなります（ちなみに，その呼吸法は「アッポッジョ」と呼ばれます）。

　ブレスをするとお腹が膨らみますが，「腹式呼吸」をしようとして吸気時にお腹を膨らませると，多くの場合，胸骨が下がってしまいます。胸骨が下がると横隔膜が下がりきらず，呼吸は浅くなります。

　「フレーズの途中で息が切れてしまう」のは，胸骨の位置を高く保たずに息を吐くと，早々に胸郭が押し潰されて，それ以上息を吐くことができなくなってしまうからです。胸骨の位置を高く保って息を吐きましょう。

　下腹部辺りまで空気が入りきらないように感じるのは，そもそも下腹部には空気は入らないからです。空気が入るのは肺です。下腹部あたりまで空気が入っているように誤解するのは，猫背の状態で息を吸うと横隔膜が下がって内臓が下腹部あたりを圧迫するからです。

　ブレス時に空気が胸あたりに入るように感じるのは，肺は胸部にありますから，ブレス時に空気が胸あたりに入るのは当然で，避ける必要はありません。

　肩を上げてしまうと，息を吐くときに肩を下げることになり，「胸式呼吸」になるので肩は上げない方がよいでしょう。

Q.28
長いメロディを一続きで歌えるようにする
練習方法はある？

　まず，「腹式呼吸」は一回忘れましょう。腹壁を押し出すと胸骨が下がってしまいます。胸骨の位置が低いと横隔膜がゆるんで，声帯を通過する呼気が不安定になり，息っぽくなったりブレスが足りなくなったりします。胸骨の位置を比較的高く（「これ以上高くできない」という位置は上げすぎです）保ちましょう。

　合唱の場合は，息が足りなくなったらお互いにタイミングをずらして交互に息を吸う，俗に言うところのいわゆる「カンニング・ブレス」があるため，呼吸を管理する習慣がない人も多いのですが，一定水準以上のクラシック歌唱を行うためには呼吸を管理することは必須の技能です。

　胸骨の位置を比較的高く保ちましょう。気をつけなければならないのは，胸骨の位置を保つことが，目的化してはいけないということです。胸骨を下げないようにするのは呼気の際に生じる声門下圧の上昇を抑えるためです。過剰な空気の流れと声門下圧の上昇を抑えるには，できるだけ長く胸骨の位置を保つことが必要です。

　腹壁の関与なしに，胸骨の位置を比較的に高めに保って呼気を行えるとしたら，そもそも吐く力が弱く，呼気筋に弱い緊張しか生じていないから胸骨が下がってこないだけにすぎません。しっかり吐こうとしても胸骨が下がらないようにするには，腹壁が引き締まることで胸骨を下支えせざるを得なくすることです。

Q.29
ファリネッリ式呼吸練習をうまく行うには？

まず，腹壁の関与なしに，胸骨の位置を比較的に高めに保って呼気を行えるとしたら，そもそも吐く力が弱く，呼気筋に弱い緊張しか生じていないから胸骨が下がってこないだけにすぎません。しっかり吐こうとしても胸骨が下がらないようにするには，腹壁が引き締まることで胸骨を下支えせざるを得なくすることです。

いわゆる腹式呼吸では，腹壁はふいごの役割をしていたり，「横隔膜を低く保つ」ために，できるだけ外に張り出そうとしたりしますが，アッポッジョにおいて，腹壁は引き締まることで胸骨を下支えする役割を担います。

腹式呼吸で「息をしっかり吐ききるために，腹壁を引き締めなさい」と説明されることがあり，結果としてしっかりした声が出ることがあるのは，「息を吐き切ったから」ではなく，腹壁が引き締まることで結果として胸骨が下支えされたからです。

呼気の部分を messa di voce に置き換えると，crescendo するためには腹壁を引き締める必要があることに気がつくと思います。

ファリネッリ式ブレス練習＋ messa di voce は，次の通りです。

① 　4まで数えながら，ゆっくりと静かに吸気する。
② 　姿勢を保って，4まで数える（喉で息を止めない）。
③ 　任意の音高で，4まで数えながら，1，2拍目で crescendo，3，4拍目で decrescendo する。

上記3部分の数える数を均等に少しずつ増やしていきます。10まで数えても苦しくないようにしてみてください。

Q.30
より息が続くようにするための
効果的な訓練とは？

A より息が続くようにするための練習として，「ファリネッリ・エクササイズ」「フレーズ読み」の2つをオススメします。

ファリネッリ・エクササイズは，「アッポッジョ（支え）」を意識するための第一歩になります。この練習は，18世紀イタリアで活躍した伝説のカストラート（去勢男性ソプラノ歌手），ファリネッリに由来しています。ニコラ・ポルポラという声楽教師が，毎日ファリネッリに課したことから，この練習は，古くから「ファリネッリ・エクササイズ」と呼ばれています。

① 4まで数えながら，ゆっくりと静かに吸気する。
② 姿勢を保って，4まで数える（喉で息を止めない）。
③ 4まで数えながら，聞こえない子音hで吐く。

上記3部分の数える数を，均等に少しずつ増やしていきます。10～12カウントまで数えても苦しくないようにしていきます。

次に，「フレーズ読み」の練習は，呼吸や「支え」の練習にももってこいです。アッポッジョを感じながらフレーズ読みを実践してみましょう。
「フレーズ読み」は，楽譜に書かれている情報のうち音の高さだけを外して，歌詞を読む練習法です。楽譜から音高を外して，ニュアンス，強弱，抑揚，語感，リズム，テンポを感じながらリズム読みしていきます。フレーズを読む練習は呼吸や「支え」，共鳴の練習と連動させて行います。

Q.31
「ハアーッ」という音が出るくらい
深く息を吸えばいいって本当？

A　息を吸うときに，「ハアーッ」という音を出すと深い吸気を行っているような錯覚を覚えがちですが，残念ながら生理学的には「深い吸気」と息を吸うときに「ハアーッ」という音が出ることは関係がありません。

　簡単な実験をしてみましょう。息を吸うとき「ハアーッ」という音が出るのは，猫背のときです。猫背の状態でどれだけ「満タン」に息を吸ったと思っても，そこから胸を張って顎を引き，身長が一番高く測られるような姿勢をとると，さらに息を吸えてしまいます。残念ながら生理学的には「深い吸気」と息を吸うときに，「ハアーッ」という音が出ることは関係がないのです。

　深く息を吸いたいのであれば，むしろ「無音の吸気」を行うようにしましょう。胸を張って顎を引き，身長が一番高く測られるような姿勢をとり，その姿勢を歌いおわりまで保つと，「無音の吸気」を行うことができます。このとき，横隔膜が十分に下がり，深い吸気を行うことができます。

　息を吸うときに，「ハアーッ」という音を出していると「息もれ声」か，「息もれ声」にならないように不要に喉に力を入れた「喉詰め声」になります。「無音の吸気」を行うと歌いだしで声門がきれいに閉じるので「息もれ声」にも「喉詰め声」にもなりづらくなります。吸気時は雑音を立てないように，「無音の吸気」を心がけましょう。

Q.32
歌になると長いフレーズが
一息で歌いきれないのはどうしたらいい？

A 「ブレス練習のときのロングブレスは人並みに続く」にもかかわらず，「歌になるとダメ」だとすると，喉を開けようとして誤って声門閉鎖をゆるめている可能性があります。「喉を開ける」というのは「声門を開ける」ことではありません。呼吸練習ではロングブレスができるのに，歌になると長いフレーズを一息で歌いきれない，という問題を解決するためには，以下のような方法を試してみることをオススメします。

①フレーズを分割して練習する

　長いフレーズを分割し，小さな部分ごとに練習することで，より短い単位で胸骨を下げないことや声門閉鎖をゆるめないことを確認することができます。フレーズ全体を把握しやすくなります。

②音量のバランスを意識する

　フレーズの序盤で息を使いすぎると，当然ですが後半で息がなくなってしまいます。長いフレーズを歌う際には，音量のバランスを意識することで，息を使いきらずに歌うことができます。

③肺を「満タン」にしない

　肺を「満タン」にすると，むしろたくさん吐きたくなってしまいます。肺を「満タン」にしようとすると肩が上がって鎖骨呼吸・胸式呼吸になりがちです。肺を「満タン」にするのではなく，胸骨を高くする方を意識してみてください。

④一息で歌いきれないフレーズを楽譜のリズムのまま単一の音高上で歌う

　音高を動かすと息を吐きすぎてしまう場合は，一息で歌いきれないフレーズを，楽譜のリズムのまま単一の音高上で歌うと改善することが多いです。

Q.33

声の方向や響きが垂れ下がったように
なってしまうのはどうして？

A 声に含まれる3,000Hz 周辺の音が不足しているのが原因です。表情筋を持ち上げてラララで歌ってみてください。ラララがナナナに聴こえる場合は，軟口蓋がゆるんで響きが下がっています。

　キアーロスクーロ（明暗）のキアーロの部分である高いフォルマントを「シンガーズ・フォルマント」と呼びます。アメリカの声楽教育学者，リチャード・ミラーはシンガーズ・フォルマントについて，3,000Hz 付近の周波数帯に生じる音響エネルギーであり，これは母音に関係なくよく共鳴する歌唱に見られると述べています。いわゆる「ホールで飛ぶ声」です。

　それでは，なぜシンガーズ・フォルマントのある声はよく飛ぶ，つまり，遠くまでよく聞こえるのでしょうか。その秘密は，「外耳道の共鳴効果」にあります。日本音響学会編『音響用語辞典』では，「外耳道は空間的に距離をもっているので，その奥に存在する鼓膜を保護するとともに音響学的に共鳴腔として働き，2,500～4,000Hz の間に約10dB の音圧増幅作用がある」と説明しています。

　外耳道のもつ，音圧増幅作用によって「シンガーズ・フォルマント」，すなわち3,000Hz 付近の周波数帯の音響エネルギーは聴き手の耳の中で音圧が増幅されます。つまり歌手のフォルマントは聴こえやすいのです。それに対して，いわゆる「そば鳴り声」は，練習室や狭いホールではうるさいくらい鳴りますが，シンガーズ・フォルマントをもたないため大きなホールではあまり聴こえません。

Q.34
どうすれば響きが高い声になる？

A 響きが高い声というのは，声に3,000Hz 周辺の周波数帯（シンガーズ・フォルマント）を含む声のことです。響き（フォルマント）は共鳴管たる声道（咽頭腔＋口腔＋鼻腔）の形状によって決まります。頬の表情筋を持ち上げると，軟口蓋の位置が調整されて，いわゆる響きが高い声になります。

　例えば，「目の奥，鼻の裏に風呂場のように響く声」これは響きが高い声でしょうか。また，「煙突のイメージで頭のてっぺんから煙が出るようにふわふわと出す声」これは響きが高い声でしょうか。

　答えは，ノーです。響きが高い声は声に3,000Hz 周辺の周波数帯（シンガーズ・フォルマント）を含む声のことです。「目の奥，鼻の裏に風呂場のように響く声」も「煙突のイメージで頭のてっぺんから煙が出るようにふわふわと出す声」も軟口蓋が下がり，鼻に息が抜けて，3,000Hz 周辺の周波数帯（シンガーズ・フォルマント）がカットされています。

　共鳴と残響は違います。練習場で歌っているときにホールの客席で鳴っている残響をイメージして声をつくってもうまく共鳴しません。風呂場に響いているようなイメージや煙がふわふわと出ているイメージはいずれも共鳴と残響を取り違えています。

　このタイプの声を「そば鳴り声」と言います。狭い部屋では響いて聴こえても，ホールで歌うと霧のように散らばって響きがなくなってしまいます。

Q.35

声が「奥に行く」や「硬い」と言われる
原因と対処法とは？

A　頬の表情筋（目の下の筋膜）を up すると声が前に響きます。体幹に支え（歌うのに必要な筋肉の緊張＝あくびや笑いを堪えるような緊張）を感じると，顎や舌の力み（歌うのに必要のない筋肉の緊張）がとれて声の硬さが改善します。

　改善したいのになかなか改善できない，という場合，よかれと思ってやっていることが，実は逆効果になっているということが結構あります。一度発声をニュートラルにしてみましょう。

「合唱の声を出すためにはこうしなければならない」
「響かせるためにはこうしなければならない」

といった先入観をまず一度横に置いておいて，今日はじめて合唱する人のような声＝素人の声を出してみましょう。

　声をニュートラルにしたうえで，頬の表情筋（目の下の筋膜）を up すると声が前に響くのが感じられると思います。頬の表情筋（目の下の筋膜）を up すると連動して軟口蓋が上がり，鼻に息が抜けにくくなり，声がこもらずに前に響きます。

　体幹に支えを感じると，顎や舌の力みがとれて声の硬さが改善します。

　この２つをやるだけで，「素人の声」が本格的な声にがらっと変化するのがわかると思います。少しずつ新しい歌い方を徐々に取り入れていき，元の歌い方よりもよいと感じるように少しずつ慣れさせてみてください。そうすると元の歌い方のときのクセはなくなるでしょう。

Q.36
こもってはっきりしない
滑舌の悪い声を直すには？

A 歌うのに必要な「うなじの筋肉の緊張」を意識することをオススメします。まっすぐ立ち，胸を張って顎を引くと，うなじの筋肉が緊張するとともに，喉頭の位置が安定して，芯のある声になり，高音も安定します。この筋肉の緊張は「うなじのアッポッジョ」と呼ばれます。

　声を響かせるためには「あくび」をしなければならないと考えていませんか。あくびをすると舌が引っ込んでしまい，こもってはっきりしない音色になってしまいます。あくびを感じるよりも，むしろあくびをかみ殺したり，吐き気を感じたりする方が，よい共鳴のコツをつかめる可能性大です。強烈なあくびをかみ殺したとき，吐き気，寒気を感じると，「うなじのアッポッジョ」を強めることができます。

　滑舌と声の共鳴は一見，関係がないように思うかもしれませんが，実は非常に関係があります。共鳴は共鳴管の中で生じます。共鳴管は筒によって音を共鳴させ，ある音を増幅させて出します。声が共鳴している共鳴管は，一般に「声道」と呼ばれます。
　声道は口腔と咽頭腔から成ります（鼻腔は，ハミングや鼻母音を発音するときのみ，声道に含まれます）。舌は口腔，および咽頭腔の形状に大きな影響を与えます。したがって，滑舌と声の共鳴の間には密接な関係があります。共鳴を得るためにはあくびをしなければならないなら，滑舌はめちゃくちゃになってしまいます。

Q.37

演奏中のあらゆる瞬間に
「声を当てよう」としなければならないの？

A 歌っているときは，あらゆる瞬間に，その場で鳴っている自分以外の人が出している音を聴いていなければ十全なアンサンブルを行うことはできません。にもかかわらず，演奏中のあらゆる瞬間に「声を当てよう」としなければならないとしたら，その歌唱法には大きな問題があります。

そもそも，歌っているときに常に「声を当てる」ことだけに集中し続けるわけにはいきません。他パートを聴くという「必要なこと」をやっていないのは，実質的には「注意力散漫」と同じです。

合唱では，他の人の声を聴きながら歌わない限り，音がまとまることも，和音が美しくなることも，まずあり得ません。まれに偶発的に音がまとまったり，美しい和音が鳴ったりすることがあるかもしれませんが。これはこれで単に偶然に頼っているにすぎません。歌っている人が他の人の声を聴かず，自分の声が「当たっているか」を常に気にしながら歌っているという状態では，一定水準以上の合唱演奏をすることは極めて難しくなります。

「声を当てる」代わりに，3,000Hz 周辺の周波数帯（シンガーズ・フォルマント）を含む声を目指しましょう。響き（フォルマント）は共鳴管たる声道（咽頭腔＋口腔＋鼻腔）の形状によって決まります。頬の表情筋を持ち上げると，軟口蓋の位置が調整されて，いわゆる響きが高い声になります。

Q.38
よい声質は生まれつき？　素質の問題？

A 声質（音色）は，声道の形状，声帯音源の質（息もれなど），呼気流（呼吸法）で決まるので，素質がよいことは間違いなく有利ですが，ヴォイストレーニングによって改善したり向上したりできるものです。

　例えば，「100mを9秒台で走れるようになるか」は素質の問題が大きいかもしれません。しかし，今よりもタイムを縮めるための努力はできるでしょう。

　声楽でも，「オペラ全幕を，フルオーケストラの伴奏で歌い切れるようになるか」「数十年にわたって，プロの歌手として歌い続けることができるか」は，素質の問題が大きいかもしれませんが，今よりもよりよい声が出せるようにするための努力はできます。したがって，素質がよいことは間違いなく有利です。しかし，もちろんヴォイストレーニングによって，発声は改善したり向上したりできるものです。

　声質（音色）は，声道の形状，声帯音源の質（息もれなど），呼気流（呼吸法）で決まります。したがって，生まれつき上記においてよい条件が揃っている人は，他の人よりもよい声質で歌うことができます。特に若いうちは素質の差が，そのまま歌唱状況の差に直結すると言えます。

　若いうちは，多少無理のある発声法でも筋力や体力が充実しているので歌うことができるからです。しかしながら，続けていくと，ちゃんとした技術をもっていないと，たとえプロであっても素質だけではうまく歌えなくなります。

Q.39

低音でえぐってしまう
アルトやベースへどうアドバイスする？

$\mathbb{A}$ まず，姿勢が，特に腹壁の緊張がゆるいと歌いだしで胸郭が動いてしまい，えぐったようになります。次に，歌いだしのときに喉頭（喉仏）が動くと，歌いだしでえぐったようになります。そして，「アルトらしい声」「ベースらしい声」を出そうと意識しすぎるとえぐったようになりがちです。

①姿勢

　姿勢，特に腹壁の緊張がゆるいと，歌いだしで胸郭が動いてしまい，えぐったようになります。吸気時に胸郭を高い位置に置き，歌いだしで胸郭が動かないようにしましょう。同様に，首を縦に振りながら歌ったり，無意識にひょこひょこと，縦に拍を感じながら動いていたりするとピッチがぶれやすくなりますので気をつけてください。

②喉頭（喉仏）の位置

　歌いだしのときに喉頭（喉仏）が動くと，歌いだしでえぐったようになります。民謡や演歌で，コブシを回したり，トレモロをつけたりするときは喉頭（喉仏）が上下に動きます。クラシック声楽では，喉頭は位置が安定している必要があります。無意識に喉頭の位置が上下してしまうのは発声技術が定着していない初心者によく見られる現象の一つです。

③「○○らしい声」をつくらない

　「アルトらしい声」「ベースらしい声」を出そうと意識しすぎると，舌や顎に力み（＝歌うのに不要な筋肉の緊張）が生じて，共鳴のバランスが悪くなり，ピッチが不安定になり，えぐったようになりがちです。「○○らしい声」をつくろうとするのではなく，本人が出せる「生理学的・音響学的に最も理にかなった声」を出すようにしましょう。

Q.40
英語などだと音がこもってしまうのはどうしたらいい？

A 他の楽器とは異なり「歌詞」をもっている「人間の声」という楽器は，発音に自信がないと，ネジがゆるんでしまう＝歌うのに必要な力が入らなくなる＝「支え」がなくなる，という特徴をもっています。練習法としては，以下の①②を試してみてください。

①ノートに歌詞と逐語訳を書き出す（手を動かすのがコツです）
　まず，ノートに歌詞と逐語訳を書き出します。正しい発音と意味を調べて，読めない単語，意味のわからない単語がないようにします。そしてゆっくり確実に正しい発音を意識して読んでみましょう。

②発声練習，暗唱する（暗記ではない）
　①の作業は多くの人が実践しているかと思います。オススメは②です。暗唱は何も見ないで歌詞を唱えることを指しています。暗記が目的ではなく，ただただ何も見ないで歌詞を唱えることができるように，繰り返し繰り返し読んでいきます。

　また，「慣れない言語だと発声が崩れて音がこもってしまう」ということから，生理学的・音響学的には，

・その言語への不慣れに由来する，支え不足および声門のゆるみ
・その言語への不慣れに由来する，声道の操作の不具合によってシンガーズ・フォルマントを失っている

の2点が，原因として考えられます。

Q.41
リップロールとタングトリルの違いは？

A まず，共通するメリットとしては次の２点が挙げられます。

①軟口蓋を挙上する

　軟口蓋がゆるんで鼻に息が抜けてしまうと，リップロールやタングトリル（巻き舌）を行うことができません。軟口蓋がゆるんで鼻に息が抜けてしまうと，声に含まれる3,000Hz周辺の音（シンガーズ・フォルマント）が欠落して響きが下がっています。

　頬の表情筋（目の下の筋膜）を挙上すると，軟口蓋も連動して挙上しやすくなります。

②呼気圧の安定化

　呼気圧が安定しないと，均一なリップロールやタングトリルを行うことができません。呼気圧を安定させるためには胸骨を挙上して，吸気時の胸骨の位置を保つことで横隔膜の上昇を遅らせる必要があります。

　リップロールのメリットですが，巻き舌が苦手な人もリップロールならできる人が多いので，タングトリルが苦手な人はリップロールで練習した後，タングトリルの練習をするとよいでしょう。リップロールのデメリットとしては，実際の曲にリップロールは出てこないので，やや「練習のための練習」という感がある点が挙げられます。

　タングトリルのメリットですが，タングトリルは舌が力んでいるとうまく行うことができません。また，リップロールと異なり，タングトリルは外国語のテキストを歌うとき，実際の曲に出てくるので，リップロールより実践的です。

Q.42

倍音が多く含まれている声というのは，
合唱としてどうなの？

A ヨーロッパのプロ合唱団の響きにはシンガーズ・フォルマントが含まれていることが広く知られています。倍音が多く含まれている声が出ているということは，シンガーズ・フォルマントを獲得しているということです（おめでとうございます！）。

　次は，サウンド上の必要に応じて，シンガーズ・フォルマントをコントロールする練習をしてみてください。

　「響きが高い声」というのは，声に3,000Hz 周辺の周波数帯（シンガーズ・フォルマント）を含む声のことです。響き（フォルマント）は共鳴管たる声道（咽頭腔＋口腔＋鼻腔）の形状によって決まります。頬の表情筋を持ち上げると，軟口蓋の位置が調整されて，いわゆる響きが高い声になります。

　反対に，目を見開いて歌うとシンガーズ・フォルマントと反対の「アンチ・フォルマント」という状態になって個々人の声の違いが目立ちづらくなります。ヨーロッパの合唱指導者の中には，意識的にアンチ・フォルマントを駆使して合唱団のサウンドをブレンドする指導者もいます。

　それでは，合唱ではシンガーズ・フォルマントと，アンチ・フォルマントどちらを使うべきなのでしょうか。結論としては，求めているサウンドによって異なります。優れた合唱指揮者は，声の生理学的・音響学的機能についての知識を駆使して，求めるサウンドを実現します。

Q.43

i 母音が奥に引っ込んで暗くこもるときの 指導のコツとは？

A　まず，本人に自覚があるか確認しましょう。自覚がない場合は，録音をして聴いてもらうことから始めましょう。話し声で発音練習するときには，特に問題ないのであれば，歌声をつくろうとして善かれと思ってやっていることが「あだ」になっていて逆効果になっていると思われます。

　次の3点を確認してみてください。

①あくびで喉を開けようしない

　あくびで喉を開けようすると，舌が奥へ，下へ動いて喉頭も低すぎる位置に置かれてしまい，声がこもってしまう原因になります。

②目の奥・鼻の裏に響かせようとしない

　目の奥・鼻の裏に響かせようとしないことです。

③鼻に息を抜かない

　目を見開き，眉を持ち上げると軟口蓋が下がって鼻に息が抜けます。鼻に息が抜けて，息がもれたぼんやりした音色の状態を，俗に「鼻抜け」と呼びます。「鼻抜け」の状態は悪い意味で「合唱っぽい声」です。覇気がない不自然な音色になるため，何か特別な表現上の必要がない限りはこの「鼻抜け」声で歌わないように心がけましょう。

　目を見開き，眉を持ち上げる代わりに，頬の表情筋（目の下の筋膜）を持ち上げましょう。軟口蓋が上がって鼻に息が抜けなくなります。鼻に息が抜けなくなると，息もれせず，声に3,000Hz 周辺の倍音，つまりシンガーズ・フォルマントが含まれて，輪郭のはっきりした音色になります。

Q.44
i 母音で潰れてしまわないようにする
指導のコツとは？

A 一般的に誰でも，多かれ少なかれ「得意な母音」と「苦手な母音」が
あるものです。他の母音では良好な響きが保たれているにもかかわら
ず，i 母音だけ不具合があるということは，何か原因があるはずです。口腔
は咽頭腔とともに声道を構成しています。声道の形状が共鳴に大きく影響し
ます。声道の中で調節可能な部位は以下の6パーツです。i 母音が潰れてし
まうのであれば，以下のようなポイントをチェックする必要があります。

①唇
口角を横に引っ張っていないかチェックします。

②顎
奥歯を噛み締めるようにしていないかチェックします。

③舌
位置が悪くなり，力んでいないかチェックします。

④軟口蓋
下がっていないかチェックします。

⑤表情筋
下がっていないかチェックします。

⑥喉頭の位置
胸を張り，顎を引くことで喉頭の位置が安定しているかチェックします。

　大切なのは発声で，発音は関係ないという考え方も合唱の発声指導におい
ては不十分です。発音は共鳴，つまり声道の形状と深く関連しているからで
す。話し声と歌声は密接に関係しています。歌声において i 母音が潰れてし
まう場合は，そもそも話し声の時点でその傾向がある可能性があります。

Q.45
鼻にかかっているときの
軟口蓋の状態とは？

A 「鼻にかかっている声」，つまり鼻声は2種類（開鼻声と閉鼻声）あ
ります。また，指導者によって鼻腔共鳴の定義があいまいだったり異
なったりするため，鼻声と鼻腔共鳴は同じものであるとは断言できません。

①開鼻声＝軟口蓋が下がっている（開いている・ゆるんでいる）鼻声

軟口蓋が開いているので，ネガティブな意味で鼻腔に共鳴しています。

②閉鼻声

軟口蓋が上がっている（閉じている・緊張している）が，咽頭腔（首の中
の共鳴スペース＝鼻の奥〜喉仏の手前）が狭い鼻声。まれに，鼻音性子音を
発音するときも誤って軟口蓋が上がったままになるため，破裂音化すること
がある（na が da になったり，ma が ba になったりする）の場合を除いて，
咽頭腔と口腔に響いています（→軟口蓋は閉じているので鼻腔には共鳴して
いません）。

鼻声には2種類あります。そして，それらはいずれも好ましくない声です。
そもそも，適切な発声を行っているとき，フランス語に代表される鼻母音や
鼻音性子音（n や m）を発声している場合を除いて鼻腔は声道（声の共鳴
管，すなわち声が共鳴するスペース）に含まれません，つまり，声は鼻腔に
は響きません。

③適切な発声における共鳴

軟口蓋が上がって（閉じている・緊張している）いて，胸を適度に高く，
顎を適度に引くと咽頭腔（首の中の共鳴スペース＝鼻の奥〜喉仏の手前）が
狭くなりません。声は鼻母音や鼻音性子音の場合を除いて，咽頭腔と口腔に
響いています（→軟口蓋は閉じているので鼻腔には共鳴していません）。

Q.46
軟口蓋を上げるという
感覚をつかむには？

A 頬の表情筋（目の下の筋膜）を持ち上げながら，鼻からよい香りを嗅ぐように息を吸うと鼻の奥が広がる感覚が感じられます。

「軟口蓋を開ける」「軟口蓋を上げる」この2つの違いがわかりますか。

実は，この2つは逆の意味になります。「軟口蓋を開ける」とは一般的に後鼻腔（咽頭鼻部）と口腔の通路を開けるという意味で使われており，軟口蓋は下がります。「軟口蓋を上げる」とは文字通り軟口蓋を上げて一般的に後鼻腔（咽頭鼻部）と口腔の通路を閉じることを意味します。軟口蓋だけをコントロールしようとしてもなかなかうまくいきません。表情筋を上げながら，よい香りを嗅ぐように鼻から息を吸うと軟口蓋が上がります。

軟口蓋を開けて鼻への通路を開放することで深い音色をつくるやり方もありますが，音がぶら下がり気味になるためあまりオススメできません。鼻が声道とつながるので深い響きになる可能性がありますが，フガフガした声（開鼻声）になりやすくなります。

軟口蓋を下げてしまうとピッチがぶら下がり気味になるため，対症療法的に常にピッチを高く取る（わざとピッチを上ずらせる）ように気をつけていないといけなくなります。当然のことながら，このやり方ではピッチが不安定になりやすいため筆者はあまりオススメしません。

軟口蓋が下がるのは，鼻音性の子音を話すときと歌うときだけです。もし非鼻音が発せられるときに軟口蓋がしっかり閉じられていなければ，好ましくない鼻音が入りこみます。軟口蓋が下がると，音は音域に関係なく鼻声になります。

Q.47

声が抜けきらずこもっている，
鼻に行く際の改善法とは？

A　頭蓋骨内，眼の奥，鼻の裏のあたりで，自分の声が風呂場に響いているように聴こえる状態を，「響いている」と感じているとしたら，「共鳴」と「残響」を混同しています。また，軟口蓋をゆるめる・開ける，下げると，アンチ・フォルマント＝響きを減らす働きが起こります。鼻をふさいで歌う練習をしてみてください。

　声の音色は，声道の形状によって決まります。あくびのイメージで響きをつくろうとすると軟口蓋が下がり，鼻に息が抜けてしまい，こもったような音色になってしまいます。あくびのイメージよりあくびをこらえるイメージで声を出した方が，ぶら下がって聴こえる音色になりづらいです。

　声が鼻にこもっている，抜けきらないといった状態は，声道のコントロールがうまくいっていない可能性があります。以下のような練習をすることで改善することができます。

①正確な舌の動きを意識しながら，発音の練習をする

　舌が奥まってしまうと鼻に息が抜けやすくなり「声が抜けきらずこもっている，鼻に行ってしまっている」状態になります。

②言葉を発音するときに意識して，鼻音を出さないようにする

　鼻をふさいで歌う練習をすると，声が抜けきらずこもっている，鼻にいってしまっている状態が改善されるようになります。

③胸骨を高く保ち，余計な息を吐かないように練習する

　ため息のように呼気時に胸を下げてしまうと息を吐きすぎてしまい，鼻に息を逃したくなります。

Q.48
声がぶら下がっているのは
どう直せばいい？

A 一般に「声がぶら下がっている」ように聴こえる声は，以下の2つが原因です。身長が一番高くなるように立つこと，腹式呼吸を意識しすぎないようにすることを練習してみてください。

①軟口蓋が下がって鼻に息が抜けている

目を見開き，眉を持ち上げると軟口蓋が下がって鼻に息が抜けます。鼻に息が抜けて，息がもれたぼんやりした音色の状態を，俗に「鼻抜け」と呼びます。「鼻抜け」の状態は悪い意味で「合唱っぽい声」です。

覇気がない不自然な音色になるため，何か特別な表現上の必要がない限りはこの「鼻抜け」声で歌わないように心がけましょう。

頬の表情筋を持ち上げて，鼻をふさいで歌う練習をします。

②胸骨が下がって，横隔膜が上がりやすくなり，息を吐きすぎている

肩を大きく上下に動かして呼吸（鎖骨呼吸）したり，ため息をつくように胸を押し潰して息をしてしまうと，息を吐きすぎてしまい，大きい声を出そうとすればたちまちどなり声になってしまいます。

そのため，声門をゆるめざるを得なくなり，ピッチが低めになります。この状態では，不要に声門閉鎖をゆるめて余計に吐いた息を逃さなければならなくなります。

Q.49
軟口蓋を「上げる」と「開ける」，
どちらが発声に際してよい？

A 独唱では原則として軟口蓋を上げて歌いますが，コーラスではどちらも使います！

①ソフトなサウンドがほしいとき

軟口蓋を開けます。下げると，アンチ・フォルマント＝響きを減らす働きが起こります。

②クリアなサウンドがほしいとき

軟口蓋を閉めます。上げると，フォルマント（響き）が調節されて輪郭がハッキリします。

軟口蓋は，口腔の中にある声を出すための構造の一部です。軟口蓋を「上げる」ことで音が明瞭になり，音量も上がります。軟口蓋を「開ける」と，声道の形状が変わり，声帯の振動が減少し，音が柔らかくなります。当然ですが，目的と手段が食い違ってしまうとよくありません。例えば，クリアなサウンドがほしいときに，軟口蓋を開けて（下げて）しまうと逆効果です。意図しない鼻音が混入してしまう場合は，何が鼻音の原因でどうすればそれを取り除くことができるかを知っている必要があります。軟口蓋が下がると開鼻声になり，軟口蓋が上がっていても胸の位置が低い，顎が上がっているなど，姿勢が悪いと閉鼻声になります。非鼻音の音素に鼻音性が混じるのは，軟口蓋が下がって声道内の関係を混乱させているからです。合唱指導をする場合は，こうした最低限の解剖学的な情報を知っている必要があります。

なお，歌うとき以外でも，わざと口から息を吸ったり，あるいは嚥下や咳をするとき（上がる），鼻から吸気したり，食物を咀嚼したりしているとき（下がる）など，軟口蓋は口や咽頭の動作に随伴して忙しく上下しています。

Q.50
発声練習における
ハミングの有用性とは？

A ハミングの発声練習における有用な点は，ハミングをすることで姿勢，呼吸管理，および支え，喉頭の機能，共鳴などの声の調整をすることができることです。

　ハミングの練習は，実は「鼻腔共鳴」の練習ではありません。ハミングは，実際は主に声門閉鎖や，口腔と咽頭腔の共鳴のバランスを整えるために行います。また，適切な呼吸法によって過不足のない呼気圧をつくり出さないと，ハミングはうまく鳴らないため，呼吸管理および「支え（歌うのに必要な筋肉の緊張）」の確認になります。

　ハミングの練習が「鼻腔共鳴」の練習だとしたら，母音で歌うときにも軟口蓋が開いている必要がありますが，実際は母音で歌うときに軟口蓋が開いていると声帯の振動が弱まり，響きも減ってしまいます（アンチ・フォルマント）。ハミングの練習の結果，「鼻腔共鳴」が得られた，と誤解されている響きは，実際は主に声門閉鎖と咽頭腔の共鳴のバランスが整えられた結果です。

　また，ハミングのときに響いているのは，鼻腔だけではありません。声帯と鼻腔の間には別の共鳴管があります。咽頭腔と，口腔です。ハミングのときに声が咽頭腔と，口腔を飛び越えて，鼻腔にだけ響くわけではありません。ハミングでは実際のところ，口腔と咽頭腔の共鳴のバランスが整えられています。適切な呼吸法によって過不足のない呼気圧をつくり出さないと，ハミングはうまく鳴らないため，姿勢や呼吸管理，および「支え（歌うのに必要な筋肉の緊張）」の確認になります。

Q.51
n 子音のときに鋭く鼻にかかった声になる
原因と対処方法とは？

A　猫背になっていると n 子音やハミングのときに，鋭く鼻にかかった声（閉鼻声）になります。猫背になると上咽頭腔が狭く，喉頭（喉仏）の位置が高くなります。また，よい香りを嗅ぐように頬の表情筋を持ち上げながら鼻から息を吸うと，軟口蓋の位置が調整されて適度な共鳴が得られます。また，適切な呼吸法によって過不足のない呼気圧をつくり出さないと，n 子音のときに鋭く鼻にかかった声になってしまいます。姿勢や呼吸管理，および「支え（歌うのに必要な筋肉の緊張）」を確認しましょう。

　顎から鎖骨までの長さより，後頭部のでっぱっている骨（第1頸椎付近）からうなじの出っ張っている骨（第5頸椎付近）までの長さの方が長くなるような姿勢を取ると上咽頭腔（鼻の奥）のスペースが調整され，かつ喉頭が適度な位置まで下がるので響きやすくなります。

　鼻声は鼻にかかった声とも言いますが，これには，2種類あります。

①鼻づまりの声（閉鼻声・へいびせい）
②鼻に抜ける声（開鼻声・かいびせい）

の2つです。

　「鋭く鼻にかかった声」は，スペースが不足している鼻づまりの声，すなわち「閉鼻声」です。

　「よい香りを嗅ぐように」という表現は，様々な発声メソッドで実践されているやり方で，実際に非常に有効です。よい香りを嗅ぐように頬の表情筋を持ち上げながら鼻から息を吸うと，軟口蓋の位置が調整されて適度な共鳴が得られます。

Q.52
ヴィブラートをかけるコツとは？

A 適切なヴィブラートを身につけるためには，適切な呼吸・喉頭の機能・共鳴の連携法である，アッポッジョを身につける必要があります。

ヴィブラートをかけるメリットには，歌唱に豊かな表情を与えることができるという点があります。デメリットとしては，技術が身についていないとうまくかけられないため，歌唱が不自然に聴こえることがあることです。

ここで，ヴィブラートを安定させるエクササイズを紹介します。

胸骨と腹壁を息を吸った位置に保ったまま，

①上行グリッサンドしながらサイレンのモノマネをする
②上行グリッサンドをしながら「うらめしや～」と幽霊のモノマネをする

です。

歌唱における多くの問題と同様に，ヴィブラートがうまくできないのは，呼吸管理が不完全なせいです。均一なヴィブラートが生まれるのは，「息の流れが均一に調整されていて，かつ声帯の閉鎖が十分なとき」だけです。そこで，適切なヴィブラートを身につけるためにアッポッジョを身につける必要があります。

技術的不具合によって生じている「不要な声の震え」は，「不要な脱力」「腹式呼吸」「喉を開ける」「声を当てる」など，発声への様々な誤解による弊害によって，遅いヴィブラート＝ゆれ声や，速すぎるヴィブラート＝ふるえ声（ちりめんヴィブラート）が生じています。これらにはメリットはなく，デメリットのみですのでしっかり取り除く必要があります。

Q.53

「ちりめんヴィブラート」を改善するには
どうすればいい？

A 速すぎるヴィブラートを俗に「ちりめんヴィブラート」と呼びます。速いヴィブラート（7回／1秒以上）は，増えすぎた声門の圧力に対して，不要な筋肉が過緊張しているのが原因です。

過緊張は「支え（必要な力）」不足が原因です。余計な息を吐きすぎないように，体幹やうなじの支えを点検しましょう。「支え（歌うのに必要な筋肉の緊張）」が適切に機能することによって力みが解消されれば，ちりめんヴィブラートも自ずと改善します。

速いヴィブラート（7回／1秒以上）は不要な筋肉の過緊張が原因です。不要な筋肉の過緊張が原因だと言われると，誰でも脱力しなければならないと考えるでしょう。

しかしながら，「ちりめんヴィブラート」は，余計な息を吐きすぎた結果，増えすぎた声門の圧力に対して，不要な筋肉が過緊張しているのが原因であるため，脱力をしても解決しません。適切な呼吸・喉頭の機能・共鳴の連携法＝アッポッジョを身につける必要があります。

ヴィブラートの速度は，その人の性格や気質の影響も受けやすいことが知られています。一般的に，緊張しやすい人はちりめんヴィブラートになる傾向があります。したがって，緊張しやすい人は，歌唱時に冷静さを保つようにする必要があります。反対に控えめな人は，ゆれ声（遅いヴィブラート）になりがちなため，情熱を解き放ち，気持ちを盛り上げようとすることが必要です。

Q.54
ヴィブラートを使って
合唱のサウンドを豊かにする方法とは？

A ヴィブラートがかかっていない音は「支え（歌うのに必要な筋肉の緊張）」が不足している可能性が高く，それが不足している音は音色，音高，音量のいずれかが物足りない，またはよりよくすることができる音であると考えることができます。これらの観点からヴィブラートを使って合唱のサウンドを豊かにすることができます。

　ヴィブラートを使って合唱のサウンドを豊かにするためには，今まさに鳴っている合唱団のサウンドを注意深く聴くことが最重要ポイントとなります。注意深く合唱団のサウンドを聴くことではじめて，改善すべきノンヴィブラートの音を聴き取ることができます。

　もちろん，この場合のヴィブラートは速すぎるヴィブラートであるふるえ声（トレモロ，または，ちりめんヴィブラート）でも，遅すぎるヴィブラートであるゆれ声でもありませんので気をつけてください。

　速すぎるヴィブラートであるふるえ声は，支え不足から生じる過緊張が問題を引き起こしています。「歌うのに必要な筋肉の緊張を意識しましょう」と声かけをしましょう。

　もちろん，宗教曲やア・カペラの楽曲などノンヴィブラートの方がマッチする場合もありますので，ヴィブラートを使うか使わないかは音楽ジャンルや演奏スタイルと常に照らし合わせて考えるようにしましょう。

Q.55

「邪魔だなと感じるヴィブラート」は，
なぜ生まれる？

A 適切な呼吸法と声道の調整を身につけると，ヴィブラートは自然にかかるようになります。これは「邪魔だなと感じない（むしろ心地よい）ヴィブラート」です。

裏を返せば，「ヴィブラートがかかっているか」で適切な発声をしているかのチェックができます。「邪魔だなと感じる」声の震えはそもそも技術に裏づけされたヴィブラートではありません。

問題を解決するためには適切な呼吸・喉頭の機能・共鳴の連携法＝アッポッジョを身につける必要があります。「邪魔だなと感じるヴィブラート」を「邪魔だなと感じない（むしろ心地よい）ヴィブラート」にするためには，生理学的音響学的に理にかなった技術を身につけることが重要です。

「不要な脱力」「腹式呼吸」「喉を開ける」「声を当てる」など，発声への様々な誤解による弊害によって，遅いヴィブラート＝ゆれ声や，速すぎるヴィブラート＝ふるえ声（ちりめんヴィブラート）が生まれます。

声門の圧力とヴィブラートの種類には，次のようなものがあります。

①ちりめんヴィブラート（トレモロ・ふるえ声）

声門の圧力が増えすぎた場合に生じます。

②ノンヴィブラート

適切な声門の圧力がかかっていません。

③遅いヴィブラート（ゆれ声）

ノンヴィブラートよりさらに声門の圧力が足りていません。

Q.56
「邪魔だなと感じるヴィブラート」は，ピッチが安定していない？

A ご指摘の通り，「邪魔だなと感じないヴィブラート」は，ピッチが安定しているように感じますが，「邪魔だなと感じるヴィブラート」は，ピッチが安定していないように感じます。また，「邪魔だなと感じるノンヴィブラート」も確かに存在します。

　「邪魔だなと感じないヴィブラート」は生理学的に理にかなった発声によって生じ，ピッチ幅は半音以内に収まります。結果として，ピッチ幅の変化はピッチの変化というより，「豊かさ」や「ふくよかさ」といった好ましい「音色」として聴き取られます。

　「邪魔だなと感じるノンヴィブラート」も存在します。「硬い」「平べったい」「素人っぽい」といった不快な音色として聴き取られます。そのような声は，頭蓋骨内の感覚に頼って，内側から自分の声を聴いている人，音が歌い手の頭蓋骨の中に，こもっているように聴こえる声を出している人が出します。

　「邪魔だなと感じるノンヴィブラート」はピッチにも悪影響を与えます。頭蓋骨内の感覚に頼って，内側から自分の声を聴いていると，頭蓋骨内に自分の声ばかり聴こえて，周りの音が聞こえづらくなります。結果として，ピッチが外れがちになります。

Q.57
裏声の低音域，
および裏声と地声の連結のコツと練習方法とは？

 次の２つがオススメです。

①うなじを緊張させる

　喉頭は，胸鎖乳突筋という首の大きい筋肉に挟まれています。胸を高く，顎を引いてあくびをこらえるようにして，うなじを緊張させることによって（うなじのアッポッジョ），胸鎖乳突筋を機能させると首の中で浮いている喉頭の位置を安定させることができます。

　喉頭が上下に不安定に動いてしまうと，喉頭内の筋肉はうまく機能することができません。歌唱中，または吸気時に喉頭が上下に動いてしまうのは，技術が身についていない歌い手の特徴です。

②口角を内側に寄せて，くちびるをとがらせて，表情筋（目の下の筋膜）を　持ち上げ，「ギー」
　地声←→裏声のポルタメントで声区融合の練習

　口角を横に引いてしまうと，声道（声門から唇の先までの共鳴管）が短くなり，響きが安定せず，裏声の低音域，および裏声と地声の連結において不具合が生じやすくなります。

　表情筋（目の下の筋膜）を持ち上げると連動して軟口蓋が引き上げられます。軟口蓋が垂れ下がり，鼻に息が抜けてしまうと，声門閉鎖が不十分になります。声門閉鎖が不十分になると，裏声の低音域，および裏声と地声の連結においてより確実に発声することができません。

Q.58
アルトで裏声と地声の境界がないように
歌うにはどうしたらいい？

A 姿勢や支え（歌うのに必要な筋肉の緊張）は様々な発声の状態に影響を及ぼします。首から肩の筋肉や胸骨の位置が裏声と地声をつなぐことに影響します。

①胸骨を比較的高く保つ

背筋を伸ばす，肩を引く，肩甲骨を近づけます。

②首にエネルギーをかける

パウチ容器に入ったゼリー飲料を最後まで吸うときの首，肩の緊張を感じます。

③鼻をふさぐ

鼻に息が抜けるとひっくり返りやすくなります。

上記の①＋②＋③をしながら，ギー，ウィーなどで地声の最低音から頭声の最高音までグリッサンド（サイレンのモノマネのように）で発声練習してみてください！

姿勢は，様々な発声の状態に影響を及ぼします。特に重要なのは，喉頭外の筋肉組織や胸郭の位置が声区融合，例えば裏声と地声をつなぐことに影響する点です。これは例えば，裏声と地声の連結に課題を感じている学習者に対して，指導者が誤って首の脱力を要求してしまえば，裏声と地声の連結という問題は改善せず，むしろ悪化する可能性があることを示唆しています。

女声パートへの歌唱指導において，裏声と地声をつなぐことは最重要課題といっても過言ではありません。しかしながら一般的に，日本国内で実践されている歌唱指導において，うなじの緊張が裏声と地声をつなぐことと関係があるとされることは少ないと考えられます。

Q.59
アルトが地声を綺麗に出せないとき，どうしたらいい？

A アルトパートであれば，適切な訓練をすると中音域のラ♭くらいまでなら，「汚くない地声」で歌えるようになります。首や胸を脱力したり，腹式呼吸や鼻腔共鳴を意識したりしないのがコツです！

「汚くない地声」の訓練をするために，まずは「地声」の意味を確認しておきましょう。「地声」には3つの意味合いがあります。

①声区としての「地声」＝「胸声」

これに関してはただの呼び方の違いです。

②音色が「地声的」＝「がなり声」

・唇をメガホンのように構える

・口を横に引かない

ようにすることで「汚い地声」になりにくくなります。

③支え不足からくる「地声」＝「喉声」

胸の位置を高く保って支え（あくびを堪えるような筋肉の緊張＝うなじのアッポッジョ）を強めると「汚い地声」になりにくくなります。

「うなじのアッポッジョ」と裏声と地声の連結の関係について，確認しておきましょう。「うなじのアッポッジョ＝歌うのに必要な首から肩の緊張」で特に重要なのは，喉頭外の筋肉組織が裏声と地声をつなぐことに影響する点です。

Q.60
地声のオススメの練習法とは？

A 「地声」には３つの意味合いがあります。まず，声区としての「地声」＝「胸声」（呼び方の違い）です。次に，音色が「地声的」＝「がなり声」ということです。中音域で口を開けすぎると，がなり声っぽくなるので気をつけてみてください。

そして，「支え」不足からくる「地声」＝「喉声」です。「支え（歌うのに必要な筋肉の緊張）」がないと，胸が下がって呼気量をコントロールしづらい胸式呼吸になり喉声っぽくなるので気をつけてください。

「響きをつけよう」とした結果，歌っているときに自分の眼の奥，鼻の裏で，風呂場で歌っているかのように声が聴こえていたら，それはおそらく，「レゾナンス（共鳴）」と「リバーブ（残響）」を混同しています。「リバーブ（残響）」を増やすのはホールが勝手にやってくれます。「響かせよう」として，眉を持ち上げたりあくびしたりすると，軟口蓋が下がって鼻に息が抜けて声量が下がり，息っぽいカサカサした声になります。

「リバーブ（残響）」ではなく，「レゾナンス（共鳴）」を増やすためには，次のようにするとよいでしょう。

①頬の表情筋（目の下の筋膜）を持ち上げる

軟口蓋が挙上して，息の鼻抜けを防ぎます。

②鼻をふさいで歌う練習をする

鼻に息が抜けると声量がなくなりカサカサします。鼻に息が抜けないようになると声にツヤが出ます（シンガーズ・フォルマント）。

Q.61
自分のパッサッジョ域を
どのように調べればいい？

A 生理的には，喉頭（喉仏）が上昇し始め，咽頭腔（首の中の共鳴スペース）の形状が歪み始める音域がパッサッジョ域です。

　合唱を歌っているときに，自分が快適に歌える音域とそうでない音域とを見つけ出すことが，パッサッジョ域を判定する第一歩です。悪い意味で合唱っぽい発声（息もれ発声）をしていると，変化がわかりづらい場合がありますので，わざと素人っぽいなま声で歌ってみてください。

　音響学的には，パッサッジョ域は，共鳴管である声道の関係によって，声帯が振動しにくくなる音域を指します。また，パッサッジョ域は，それぞれの歌手によって異なります。一般的に，女性の歌手のパッサッジョ域は男性の歌手よりも広い傾向にあります。

　パッサッジョ域を判定するのは，発声に関する他の要素よりもやや専門的な側面があるため，より確実にパッサッジョ域を調べるためには，声楽の専門家（ヴォイストレーナーや声楽家）に相談するのも大切です。専門知識をもち，豊富な経験をもつ専門家の耳は声を聴いて評価し，パッサッジョ域の確定を行うことができるでしょう。

Q.62
ベースのトレーニング方法とは？

A 実声（地声）を鍛えるためには，バス〜バリトンのパッサッジョ域（ヘ音記号第一線のソ〜レあたり）を重点的に鍛えると，半年で半音くらい音域が拡がっていきます。

中〜高音域を歌う練習をするときのポイントは，以下の4点です。

①身長が一番高く測られる，首の前が短く後ろが長くなる姿勢をとる
②余計な息を吐かないように胸骨の位置を腹壁の筋肉で下支えし，「支え（歌うのに必要な筋肉の緊張）」を増す
③口の開け方は原則，より高い音や，より強い音を歌うときは，より口を開けていく
④頬の表情筋（目の下の筋膜）を挙上する

特にローベースの人が，ヘ音記号上のレやミ辺りで声が出なくなる現象は，喉頭（喉仏）を「下げすぎた」ために起こることが多いです。いわゆるシュトローバス（意図的に喉仏を下げて歌う）は，低音域のみに有効で，中〜高音域で行うと，声道の形状が歪み，声の不具合が起こりやすくなるので注意してください。

ヴォーチェ・フィンタ（声区融合）は実声での高音域を獲得するより，はるかに少ない時間と労力で獲得することができますが，あくまで緊急避難的に使うべきです。ヴォーチェ・フィンタをどれだけ練習しても，前述の4つのポイントをクリアできなければ実声で高音域を歌えるようにはなりません。

音域

Q.63
ベースが低い音を出すときのポイントとは？

A シュトローバス Strohbass というテクニックがあります。まず，お腹を膨らませるようにします（喉頭が下がりやすい）。そして，あくびの要領で喉頭（喉仏）を下げます。このようにすると，声道下部が拡がり，低音域が響きやすくなります。

①お腹を膨らませる（喉頭が下がりやすい）
②あくびの要領で喉頭（喉仏）を下げる

この2つのメソッドは一般的に広く実践されており，また，合唱指導の本にも「共鳴スペースを拡げる方法」として，たびたび登場します。

一見，もっともらしく，実際にそれっぽい声が出るこの方法，確かに低音域では役に立つのですがちょっと注意が必要です。

実は，通常の音域でお腹を膨らませたり，あくびの要領で喉仏を下げたりすると，声がぶら下がる（音色が暗くなり，音高が下がり気味になる）原因となるので気をつけなければなりません。

そもそも，声の共鳴は共鳴スペース＝声道（咽頭腔と口腔，ハミングや鼻母音の場合はさらに鼻腔も含む）が拡がれば拡がるほど響くわけではありません。よい共鳴は，音高や音量に合わせて，フレキシブルに声道を調整することによって得られます。つまり，低音域であればシュトローバスの要領で調整を行うことでよい共鳴を得られますが，他の音域ではそうではないため，むしろ不具合（音色が暗くなり，音高が下がり気味になる）が生じるのです。

Q.64
ベースで中音域と低音域を
滑らかに歌えるようになるには？

　　　舌根を固めて歌っていると共鳴スペース（声道）の形状が歪んでしま
A　　い，一般的な声区とは異なる歌い方（声区違反）になりがちです。通
常の声区融合が行えなくなります。舌根を固めずに，低音域（F2〜C3あた
り）の発声のまま，中音域（D3〜A3あたり）を歌う練習をしてみてくだ
さい。

①一般的な，バリトンのパッサッジョ域
　　B♭3〜E4
②一般的な，バスのパッサッジョ域
　　G#3〜D4

です。
　ですので，例えば，自分は「中音域（D3〜A3あたり）と低音域（F2〜
C3あたり）」と思っている場合，声区違反を行っている可能性があります。

　舌根を固めるのを止めてしまうと，発声が素人っぽくなってしまったり，
喉声や平べったい声になってしまったりする，と感じるのであれば，それは
むしろよい傾向です。舌根を固めて歌う癖を取り除くために，基礎的な発声
技術を改めて確認しましょう。

Q.65
テノールの実声と裏声の使い分けは
どのように考えたらいい？

A テノールパートの高音域における実声と裏声の使い分けは，歌唱や演奏のスタイルや目的に合わせて，適切に使うことが重要です。実声は，音が力強く，クリアな印象を与え，歌唱や演奏をパワフルにする場面で使用されます。一方，裏声は，音が柔らかく，まろやかな印象を与え，表現力を重視する場面で使用されます。

　独唱，特にオペラ歌唱のような場合は一般に裏声歌唱は避けるべきですが，合唱曲のテノールパートは，時にプロのテノール歌手が歌うオペラアリアと同じ，またはそれ以上の頻度で高音域を歌わなければならないことがあります。したがって，仮に表現の必要から実声が好ましい場合でも，現状，実声では満足できるクオリティで演奏できないのであれば裏声を使うことも検討するべきです。

　もちろん，中・長期的には実声で高音域を歌えるようになるべく，研鑽を続けるべきです。継続的にヴォイストレーニングを受けたり，独唱の訓練を受けたりすることが，その助けになるのは間違いありません。例えば，合唱曲の他に，有名なイタリア古典歌曲やイタリア民謡の独唱を勉強するのは，中・長期的に実声で高音域を歌えるようになるためのよい研鑽になるでしょう。

　独唱曲を勉強するとき，最初から高声用，つまりテノール用の調で練習するのが難しい場合は，中声用から取り組むことを推奨します。特に中高生は結果を急ぎすぎない方が，中・長期的にはよい結果に結びつきやすいということを，指導者は常に心に留めておきましょう。

Q.66
声量がない人には，まず何を教えればいい？

A 声量がない人には地声でもよいので，まずは大きな声で，何でもよいので一曲（合唱曲じゃなくて OK）歌えるように指導しましょう。はじめは１対１，慣れてきたら部員みんなの前で歌ってみましょう。

①恥ずかしさのカベ

生徒たちは当然ながら一人ひとり違うので，一様な手立てはなく，一人ひとりとコミュニケーションをとることが一番大切です。そのうえで筆者が合唱指導するときに大切にしていることは，小さな成功体験を積ませてあげることです。例えば，発声指導などでよい声を出したら「あなたはよい声をしているね」と，すかさず褒めるようにしています。歌はハードルが高ければ，詩の朗読でも OK です。一言だけでも OK です。「ありがとうございました」「こんにちは」「おはようございます」のような言葉を，気持ちを込めて大きい声で言ってもらいましょう。

②先入観のカベ

「歌を歌うときは脱力しなければならない」という先入観が強すぎると，大きな声で歌うことができなくなります。「歌うために必要な筋肉の緊張」が「支え」であり，「歌うのに不要な筋肉の緊張」である「力み」を取り除くためには脱力するだけでは不十分で，「支え」が必要だからです。

③気持ちのカベ

どんなスポーツ，芸術でもそうですが，新しい技術を身につけるためにはこれまでやってきたことをいったん脇に置いておいて，真っ白な気持ち，素直な気持ちで取り組む必要があります。「力み」が生じなければ，「支え」ることもできません。まずはあまり考えすぎず，真っ白な気持ちでただただ大きな声を出してみましょう。

音量

Q.67

メッサ・ディ・ヴォーチェには
どんな効果がある？

A　メッサ・ディ・ヴォーチェmessa di voce は発声技術の仕上げにも
ってこいの練習です。p または pp の音量から支え（歌うのに必要な
筋肉の緊張）を増しながらクレッシェンドして，f または ff の音量に達し，
「支え」を保ちながらデクレッシェンドして p または pp に戻っていきます。

①喉の力を抜くのではなく，支えたデクレッシェンドができるか？
②喉に力を入れるのではなく，支えたクレッシェンドができるか？

をテストすることで，「支え」の技術が身についているかチェックすること
ができます。「支え」を意識するコツとしては，
・あくびをこらえる
・寒さをこらえる
・吐き気をこらえる
イメージなどが有用です。
　クレッシェンドで「支え」が機能しないと，喉に力み（歌うのに不要な筋
肉の緊張）が生じて音が割れたり，力みを脱力しようとして息もれしたりし
ます。デクレッシェンドで「支え」が機能しないと，急に弱くなってしまっ
たり，途中で息がなくなったりします。また，声門閉鎖をゆるめてデクレッ
シェンドしようとすると，息もれが生じたり，ノンヴィブラートになったり
します。
　メッサ・ディ・ヴォーチェの技術でテストされる「支え」は，地声と裏声
の連結や，声区融合，よい共鳴やよいピッチを生み出すためにも必要な技術
です。したがって「メッサ・ディ・ヴォーチェが行えることは，よい発声を
身につけていることの証である」と言えます。

Q.68
日によってピッチが不安定にならない
ようにするには？

A コンディション管理と十分な準備とメンタルトレーニングを実践してみてください！

①コンディション管理

　一般によく言われることですが，コンディション管理も実力です。合唱活動は長期休み中でなければ学校生活の中や放課後に行われます。常に自分の声と身体のコンディション管理を意識して学校生活を過ごすところから始めましょう。

②十分な準備とメンタルトレーニング

　「本番に弱い」ことが悩みであるという人は，結構多いのではないでしょうか。どのようにしたら「本番に弱い」を克服することができるでしょうか。

　合唱において「本番に弱い」原因は，主に以下の3つだと考えられます。

・練習不足からくる実力不足

　緊張の原因のほとんどは，練習不足からくる実力不足です。日々の練習でしっかり本番に向けて準備をしましょう。

・演奏の機会が少ない

　人間，誰でも慣れていないことをすると緊張します。練習での1パート1人での発表など，機会を増やしましょう。

・音楽に集中せず，また楽しめていない

　緊張（集中せず楽しめていない）状態だと言えます。練習から常に音楽に集中し，音楽を楽しみましょう。そして日々，本番を想定して練習に臨みましょう。

Q.69

いつでも芯のある，柔らかい綺麗な高音が
出せるようにするには？

A　調子が悪いと感じるときは，逆に正しいフォームを身につけるチャンスです。「支え」＝歌うのに必要な筋肉の緊張，「力み」＝歌うのに不要な筋肉の緊張という点を確認してみてください。

　「調子がよいとき以外，高音になると，どうしても喉からのような，苦しそうで浅くて薄っぺらい声になってしまう」という場合の，「調子がよいとき」という部分ですが，これは2通りの状態が考えられます。

　すなわち，

①調子がよいときは，技術を十全に扱うことができる（調子が悪いときは，技術を十全に扱うことができない）
②調子がよいときは，技術が十全でなくても歌えてしまう（調子が悪いときは，技術不足のためうまく歌えない）

の2通りです。

　①の場合は「技術は身についているが，時々その技術を十全に扱えないときがあり，そのときに調子が悪いと感じている」のですが，②の場合は「そもそも技術に不足がある（十全な技術が身についていない）」と考えられます。

　①と②では状況がだいぶ違いますが，①の場合の対処法は十全な技術を「確認する」ことであり，②の場合の対処法は十全な技術を「身につける」ことです。

・「支え」＝歌うのに必要な筋肉の緊張
・「力み」＝歌うのに不要な筋肉の緊張
という点を意識してみてください。

Q.70
日々の発声練習を行ううえでの原則とは？

A 日々の発声練習で課題克服のためには，単にウォーミングアップをするだけでは不十分で，スポーツと同様に，課題克服のための相応なヴォイストレーニングが必要です。

ヴォイストレーニング（課題の克服）によって獲得されるべき声には，2つの原則があります。

①ホールでも聴こえる声

どんなによい表現をしても聴こえなければ歌っていないのと同じです。音楽室で練習しているときはボリュームを抑える方向に練習しがちですが，肝心のホールで聴こえなければ意味がありません。

フォルテで歌うときはもちろん，弱声でもホールで歌う場合は声に「シンガーズ・フォルマント」がなければなりません。課題克服の方向性の1つ目はあらゆる音量，音高，母音においてシンガーズ・フォルマントを維持できるようにすることです。

②詩と曲の世界を表現する手段としての声

すべての発声練習は，詩と曲の世界を表現するために行います。よくある発声上の問題の多くは，発声練習が目的になってしまい，声が詩と曲の世界を表現するために使われなくなっていることが原因となって生じます。

発声に何らかの困難を抱えている場合には，ヴォイストレーニングによって原動力，振動器，共鳴器を体系的に調整する方法を学ぶ必要があります。しかし，どの段階においても，すべての発声練習は詩と曲の世界を表現するために行うということを忘れてはいけません。

Q.71
歌を歌う前のストレッチとは？

A 歌を歌う前のストレッチは，今からスポーツ，特に水泳をするときのようなストレッチをするとよいでしょう。

歌は全身運動なので身体が硬いとどうしても疲れやすくなります。したがって首や骨盤，肩甲骨以外に，一見，歌とは関係なさそうな手首や足首，アキレス腱なども，ストレッチすることによって疲れづらくなるでしょう。

呼吸は肺が膨らんだり，縮んだりすることで行われます。しかし肺そのものは筋肉ではなく「呼吸筋」と呼ばれる筋肉が働くことで肺が膨らんだり，縮んだりします。「呼吸筋」は，吸うときに使われる「吸気筋」と，吐くときに使われる「呼気筋」に分かれています。

また，姿勢の要となる脊柱起立筋は，吸気筋をサポートします。したがって呼吸と姿勢は密接に関連しており，姿勢が悪いと浅い呼吸になりやすくなります。

①吸気筋：横隔膜，外肋間筋，胸鎖乳突筋，斜角筋，胸筋，僧帽筋，脊柱起立筋など
②呼気筋：内肋間筋，腹直筋，腹横筋など

首の筋肉には歌を歌うのに必要な，喉頭を支え，胸郭を引き上げる筋肉が含まれています。首の筋肉が疲労するとよい声が出しづらくなります。したがって，歌う前に首と肩の周りをストレッチすることは発声の観点から有益だと言えるでしょう。

ラジオ体操もまた，呼吸筋のストレッチに最適です。日々，ラジオ体操をしながら呼吸筋のストレッチを意識してみてください。

Q.72
日々の発声練習のメニューはどう作成する？

A アメリカの声楽教育学研究において指導的な立場にあったリチャード・ミラー（1926-2009）は以下のような言葉を残しています。「声楽の技術体系は，歌いだし，呼吸管理，アジリタ，母音確定と修正，有声および無声子音，鼻音および非鼻音子音，ソステヌート，パッサッジョ，音域拡張とメッサ・ディ・ヴォーチェ（中略）を毎日練習することによって生まれます」（『上手に歌うための Q&A』音楽之友社，2009）。この考えをもとに，日々の発声練習を行うことをオススメします。以下は，「体系的な発声練習のデイリーメニュー」案です（次の項より詳しく解説します）。

1．歌いだしの練習
2．アッポッジョ①「姿勢」
3．アッポッジョ②「うなじのアッポッジョ」
4．アッポッジョ③「呼吸管理」
5．アジリティ（声を自在に動かす）練習
6．母音の練習
7．子音の練習
8．ハミングの練習
9．ソステヌート（ロングトーン）練習
10．声が出しづらい音域（パッサッジョ）の練習
11．音域拡張の練習
12．メッサ・ディ・ヴォーチェの練習

　上記の12項目を，10分のウォーミングアップであれば抜粋して，15〜30分くらい時間を取れるならひと通り行います。なお，感覚を定着させるために，部活がない日や休みの日でも自宅で声を出せるなら短い時間でもよいので，毎日発声練習をすることをオススメします。

Q.73
「体系的な発声練習のデイリーメニュー」は どう進めたらいい？①

A　歌がうまく歌えるかは，適切な歌いだしにかかっています。適切な歌いだしを行うためには，胸郭を下げないことが重要となります。

　歌いだしや，長いフレーズの途中，歌いおわりで胸の位置が下がるのは，安定した発声法を身につけていない人に共通する問題です。歌いだしで重要なことは，歌いだしの瞬間に胸郭を下げないことです。胸郭を下げないということは，首や肩，腹壁の筋肉と背筋が働いて，胸郭を高い位置に保っているということです。胸郭を下げてしまうと，後々息が足りなくなったり，フレーズの頂点，または最高音でかすれたりしてしまいます。

　歌いおわりで重要なこともまた，胸郭を下げないことです。フレーズ末尾で気を抜かないようにします。首や肩，腹壁の筋肉と背筋が働いて，胸郭が高い位置に保たれている必要があります。

　トレーニング「歌いだし練習（スタッカート練習）」を紹介します。

　まず，「ハッハッハッハッハ」と，スタッカートで歌います。1拍ずつ息つぎをすることですべての音が「歌いだし」「歌いおわり」の練習になります。単音で，歌いやすい音高から始めて，歌いやすい音域内をスタッカートで歌いましょう。単音で歌うことができたら，徐々に音型のバリエーションを増やしていきます。

　　ドレドレドー
　　ドレミレドレミレドー
　　ドレミファソファミレドー
　　ドミソドソミドー

などの音型でスタッカートで歌いましょう。併せて「ハッハッハッハッハ」以外の他の母音でも練習しましょう。

Q.74
「体系的な発声練習のデイリーメニュー」は どう進めたらいい？②

A 歌は身体が楽器です。身体が楽器である以上は姿勢もまた生理学的，音響学的に理に適っている必要があります。姿勢は発声器官の３要素（原動力＝呼吸管理，振動器＝喉頭，共鳴器＝声門上の声道）に影響を与えます。適切な発声を生み出す発声器官の３要素の相互作用は，第一に適切な立ち方（姿勢）によって生み出されます。

まず，エクササイズ「生理学的に理にかなった歌唱姿勢を確認する」をしましょう。

①足を開き過ぎない

くるぶしの間にこぶし一つ分の隙間を開ける程度に足を開きます。

足を開きすぎると胸郭が下がり，「支え」が感じにくくなります。

②下腹を引き，背筋を伸ばす，軽く胸を張り，あごを軽く引く

「身長が一番高くなる姿勢」になります。

③肩を落としすぎない

「両肩に小鳥が憩えるくらいの位置」を心がけましょう。

過度な撫で肩は，浅い呼吸の原因になります。

次に，トレーニング「生理学的に理にかなった歌唱姿勢を確認する」です。後ろ手に手を組み，手のひらを外側に向けて手を交差させると，生理的に理にかなった歌唱姿勢を長く続けられます。一見，しつけ的で，意味のない前時代的な指導に見えるかもしれませんが，決して意味なくこの姿勢をとらせるわけではなく，バランスのよい発声を行うことができる歌唱フォームの習得に際して，非常に理にかなったメソッドです（もちろん，本番は後ろ手に手を組んで歌うわけではありません）。

Q.75

「体系的な発声練習のデイリーメニュー」は どう進めたらいい？③

A　発声に必要な筋肉の緊張を「支え（アッポッジョ）」，発声に不必要な筋肉の緊張を「力み」と定義すると，どこからが「支え」で，どこからが「力み」かが問題となります。

　喉仏は，歌っている間もブレスのときも大きく上下動しないのが理想です。喉仏の位置を安定させるためには「うなじの支え（アッポッジョ）」が必要です。喉に不快感があるときは，「うなじの支え（アッポッジョ）」が十分でない可能性があります。

　また，「アッポッジョ」を行うためには胸郭を下げないようにする必要があり，胸郭を下げないためには，吸気筋である首から肩の筋肉（胸鎖乳突筋，僧帽筋他）を調節する必要があります。

　まず，エクササイズ「うなじの支えを発見する」をしましょう。

①　わざと音を立てて息を吸う。

②　あくびをこらえる。

③　吐き気をこらえる。

④　笑いをこらえる。そのときの，首，うなじ，肩の緊張が「うなじの支え」です。

　次に，トレーニング「素早く吸って，長く吐く練習」です。子音 s または子音 z で，

①　4拍子をカウントしながら，3拍で息を吐き，1拍で吸う，を繰り返す。

②　4拍子をカウントしながら，7拍で息を吐き，1拍で吸う，を繰り返す。

③　4拍子をカウントしながら，11拍で息を吐き，1拍で吸う，を繰り返す。

④　4拍子をカウントしながら，15拍で息を吐き，1拍で吸う，を繰り返す。

　上記の練習は子音 f や子音 v で行うのも有効です。

Q.76
「体系的な発声練習のデイリーメニュー」は どう進めたらいい？④

Ａ　なぜ，呼吸の練習をするのか。皆さんも日々，ブレスの練習をしているかと思いますが，なぜ，ブレスの練習をするのか説明できますか。子音 s，子音 z でブレスの練習をすることで，「歌うときの呼吸筋の拮抗（＝歌うのに必要な筋肉の緊張）＝アッポッジョ」を行うときの身体の感覚を意識することができます。

　「意味を理解して発声練習を行うこと」は，技能習得の第一歩です。

　まず，エクササイズ「アッポッジョを行うときの身体の感覚を意識する」をしましょう。

①　脇腹を触る。人差し指を肋骨の下に，親指を背中側に，小指を腰骨の位置に置く。

②　勢いよく子音 s，または子音 z を発音する。

　そのときの肋骨とみぞおち，脇腹付近の感覚がアッポッジョです。

　アッポッジョにおいて，おへそのあたりから下腹にかけては「引っ込み」も，「張り出し」もしません。いわゆる「腹式呼吸」のような「腹踊り」のような動きは「息もれ声」の原因となりますので避けましょう。

　子音 z や子音 v のロングトーンをしようとしたら，zu（ずうー）や vu（ぶうー）のように途中で母音 u になってしまう場合は，姿勢が悪かったり，「支え」がうまく働いていなかったりしています。摩擦音（息がこすれる音）を持続させるには，体幹の必要な緊張（鼻をかむときのような力）を保つ必要があります。

Q.77
「体系的な発声練習のデイリーメニュー」は
どう進めたらいい？⑤

A アジリティとは英語で敏捷性という意味ですが，イタリア語でアジリタ agilità という場合は素早い動きをもつメロディラインや短いパッセージのことを指します。歌唱技術の用語としてはそのような素早いパッセージを歌う歌唱技術のことを指します。

　アジリティがうまくいかないというのは，声門や腹壁に力みが生じているか，反対に必要な力が入っていない（「支え」が足りない）ということです。肺からの気流に対して声門の閉鎖が強すぎる（力んでいる）と素早い動きができなくなります。

　そこで，次のようなエクササイズをしましょう。

・悪役のモノマネ「フッフッフッフッ」（ハミングで含み笑い）

・おばけのものまね「う〜ら〜め〜し〜や〜」（たくさんヴィブラートをつけて）

・犬のあえぎのものまね「はぁはぁはぁはぁ」

　いずれのモノマネも，自分の意思でお腹を動かそうとするとうまくいきません。お腹はあくまでも声と連携した結果動き出します。

　また，次のようなトレーニングをしましょう。

　1−2−3−4−5−4−3−2−1−（ドレミファソファミレドー）

　1−3−2−4−3−5−4−2−1−（ドミレファミソファレドー）

　5−3−4−2−3−1−2−7−1−（ソミファレミドレシドー）

などの音型で，素早く，

① 　スタッカートで歌う。

② 　スタッカートと同じ「みぞおちが弾む感覚」を感じながら，アジリティ（「みぞおちが弾む感覚」で音の粒を出しながら，レガートで素早く歌う歌い方）で歌う。

Q.78
「体系的な発声練習のデイリーメニュー」は どう進めたらいい？⑥

A 母音の練習をすることによって，「声道の形状に影響する６つのパーツ」を好ましい位置に調整することを学ぶことができます。

① 唇：母音の変化にしたがって唇を自然に動かすことを学ぶ。

② 顎：母音の変化にしたがって顎の位置を自然に動かすことを学ぶ。

③ 表情筋：母音が変わっても表情筋が落ちないようにすることを学ぶ。

④ 舌：母音の変化にしたがって舌の位置を自然に動かすことを学ぶ。

⑤ 軟口蓋：母音が変わっても軟口蓋が下がらない（息が鼻に抜けない）ようにすることを学ぶ。

⑥ 喉頭（喉仏）の位置：母音が変わっても，喉仏の位置が変化しないようにする→うなじの支え

トレーニングとして，「声道の形状に影響する６つのパーツ」を意識して，母音の響き（明るさ／暗さ，浅さ／深さ）を調節しながら歌ってみましょう。音型は，

1－2－3－2－1（ドレミレド）

1－3－5－3－1（ドミソミド）

5－4－3－2－1（ソファミレド）

などの音型から任意のものを使ってください。音高は無理のない音高から始めて，上下に適宜移調しながら発声練習を行ってください。

母音のよい響きを獲得するためには，よい耳が必要です。身体の感覚（触覚）と響き（聴覚）が長期記憶として結びついたとき，はじめて安定したよい声で歌うことができます。

Q.79

「体系的な発声練習のデイリーメニュー」は どう進めたらいい？⑦

　　すべての子音の発語には「支え」が伴わなければなりません。有声子
Ａ　音では呼気圧を声門と声道内の狭窄が受け止めます。無声子音では呼
気圧を声道内の狭窄が受け止めます。子音の発語をトレーニングすることに
よって，「支え」を強化することができます。

　特定の音高には，ちょうどよい口の開け方（声道の配置）があります。そ
して，ちょうどよい口の開け方は骨格などの個人差があります。原則として
は，低音域は会話に近く，中音域〜高音域にかけて徐々に口の開け方を調整
していくというものがあります。

　次のようなトレーニングをしましょう。任意の子音と母音の組み合わせを
利用して共鳴を調整する，つまり，「声道の形状に影響する６つのパーツ」
を意識するというものです。

　例えば，

　「イェイイェイイェイイェイイェイ」
　「ウォゥウォゥウォゥウォゥウォゥ」

など，音型は任意のものを使ってください。音高は無理のない音高から始め
て，上下に適宜移調しながら発声練習を行ってください。

　次に，「ささやきエクササイズ（軟口蓋を上げる）」をしましょう。表情筋
を上げたまま，ささやき声（ウィスパー）で今取り組んでいる曲の歌詞を読
むようにします。軟口蓋が下がっていると，ささやき声（ウィスパー）でう
まく読むことができません。

Q.80
「体系的な発声練習のデイリーメニュー」は
どう進めたらいい？⑧

　　ハミングで得られるのは実は「鼻腔共鳴」ではありません。ハミングがうまくいっているとき，実際は主に好ましい表情筋の位置と，声門閉鎖の感覚を学習することで，声門閉鎖と共鳴のバランスが整えられています。なお，ハミングで歌うときにふさわしい表情筋の位置は，ハミング以外で歌うときにもふさわしい表情筋の位置です。

　エクササイズ「ハミングのコツをつかむ（声門閉鎖と表情筋）」をしましょう。「鼻腔を共鳴させる」のではなく，一度騙されたと思って，最高に変な声を出しながら，口を閉じてみてください。これにより，声門閉鎖の感覚をつかみます。喉が詰まった感じがするくらい声門閉鎖をしたら表情筋を上げてみてください。ハミングがうまく響くと思います。そのときの表情筋の位置は，ハミング以外で歌うときにも好ましい表情筋の位置です。こうして，ハミングで歌うときにふさわしい表情筋の位置を学習します。

　それでは，ハミングのコツ（声門閉鎖と表情筋）を意識してハミングで歌ってみましょう。

　音型は，

　　１－２－３－２－１（ドレミレド）

　　１－３－５－３－１（ドミソミド）

　　５－４－３－２－１（ソファミレド）

などから任意のものを使ってください。音高は無理のない音高から始めて，上下に適宜移調しながら発声練習を行ってください。

　また，ハミングのコツ（声門閉鎖と表情筋）を意識して「ミーメーマーモームー」「ニーネーナーノーヌー」で歌ってみましょう。

Q.81

「体系的な発声練習のデイリーメニュー」は
どう進めたらいい？⑨

A 歌においてソステヌートとは楽語上の意味である音価を十分に引き延ばすことに加えて，よい発声を維持することを意味します。また，ノンブレスで一息で歌える時間の長さを長くすることもソステヌートの技術に含まれます。アジリタとソステヌート（動かす／維持する）は，合唱における発声技術の歌唱の二本柱です。発声がうまくいっていれば，素早い動きも，長いフレーズを歌うこともできるはずだということです。

声について何らかの問題を抱えている状態は，単に共鳴や呼吸法といった独立した問題ではなく，発声器官の3要素の連携に不具合が生じている状態です。したがって，ロングトーンができないという問題も発声器官の3要素の連携に不具合が生じている状態です。

そこで，たっぷりとしたテンポで，任意の母音で歌ってみましょう。

音型は，

1－2－3－2－1（ドレミレド）

1－3－5－3－1（ドミソミド）

5－4－3－2－1（ソファミレド）

などから任意のものを使ってください。音高は無理のない音高から始めて，上下に適宜移調しながら発声練習を行ってください。

「支え」は身体の緊張のバランスでできています。したがって，個人差を考慮する必要があります。例えば，正しい練習を行っても，一息で歌える長さは人それぞれです。息を吸う体勢を必要以上に長くとりつづける感覚ではなく「快適に感じる範囲内で，なるべく長く吸気の体勢を保つ」という感覚が必要です。

Q.82
「体系的な発声練習のデイリーメニュー」は どう進めたらいい？⑩

A パッサッジョ域とは，「生理学的・音響学的な要因から，発声器官の
3要素の相互作用に支障が出やすい音域」のことです。パッサッジョ
域では母音がゆがみ，「叫び声」や「吠え声」になったり，声帯の振動に支
障をきたしてひっくり返ったりしやすくなります。これらを防ぐためには，
声道の調整や「支え」の調整を行う必要があります。

そこで，次のようなトレーニングをしましょう。

・低音域から中音域，中音域から低音域への移行
・高音域から中音域，中音域から高音域への移行

における，声が出しづらい音域について，声道の調整，「支え」の調整を行
いながら歌います。音型は，

　　　1－2－3－2－1（ドレミレド）
　　　1－3－5－3－1（ドミソミド）
　　　5－4－3－2－1（ソファミレド）

などから任意のものを使ってください。音高は無理のない音高から始めて，
上下に適宜移調しながら発声練習を行ってください。

うまくいかない人には，以下の傾向が見られます。チェックしてみてくだ
さい。

①姿勢が崩れている
②胸郭が下がって肋骨が萎んでいる
③首から肩にかけての緊張がゆるんでいる
④表情筋が下がっている
⑤顎の落としすぎ，または狭すぎる

Q.83
「体系的な発声練習のデイリーメニュー」は どう進めたらいい？⑪

A 音域拡張の練習とは，「声帯の機能を保ちながら，音高に対して，呼吸と共鳴を調節する方法」を学ぶ練習です。

　高い声が出ないのは声帯の振動に対して口の開け方，うなじの支え，呼吸管理がマッチしていないのが原因です。したがって，高音に向かって伸展して閉鎖が強まる声帯にマッチした口の開け方，うなじの支え，呼吸を身につける必要があります。

　そこで，次のようなトレーニングをしましょう。高音域の発声練習を行います。音型は，

　　１－２－３－２－１（ドレミレド）
　　１－３－５－３－１（ドミソミド）
　　５－４－３－２－１（ソファミレド）

などから任意のものを使ってください。音高は無理のない音高から始めて，上下に適宜移調しながら発声練習を行ってください。

　次の３点をチェックしましょう。

①呼吸管理
　高音域では母音修正とアッポッジョによる呼吸のエネルギーを高める（あくびをかみころすときや嘔吐する瞬間のように腹壁とうなじに力を入れる）必要があります。
②声帯の振動
　あくびをこらえるときや，嘔吐する瞬間のように腹壁とうなじに力を入れると，声門がぴたりと閉じて息もれ声になりにくくなります。
③共鳴
　あくびをするときや嘔吐するように十分に口を開けます。

Q.84
「体系的な発声練習のデイリーメニュー」は どう進めたらいい？⑫

A メッサ・ディ・ヴォーチェの練習とは，「声帯の機能を保ちながら，音量の変化に対して，呼吸と共鳴を調節する方法を学ぶ練習」です。音量を変化させても音高・音色がゆがまないのは，発声器官の３要素を正しく調整できているときだけです。したがって，メッサ・ディ・ヴォーチェは発声練習の仕上げにふさわしい練習と言えます。

練習の手順ですが，弱声でフレーズを開始し，クレッシェンドした後に再び弱声に戻るようにします。注意点は，次の通りです。

① メッサ・ディ・ヴォーチェは他の発声メニューと比べると難易度が高いため，はじめのうちは省略してもかまわない。

② メッサ・ディ・ヴォーチェの練習に取り組むときは，必ず「楽に歌える任意の単一音高」で行うようにする（高音域や低音域でのメッサ・ディ・ヴォーチェは上級者向けの練習になるので気をつける）。

次に，次のようなトレーニングをしましょう。楽に歌える任意の単一音高で，

「イーエーアーオーウー」

と歌います。

弱声でフレーズを開始し，「ア」に向かってクレッシェンドした後に再び弱声に戻ります。

それから，次のようなトレーニングもよいでしょう。楽に歌える任意の単一音高で，任意の単一母音で歌います。弱声でフレーズを開始し，クレッシェンドした後に再び弱声に戻ります。

Q.85
発声フォームや習熟度のチェックポイントとは？

A　「呼吸，声帯の振動，共鳴の連携（アッポッジョ）を感じるためのチェックポイント」は，次の3つです。

①呼吸（呼吸・姿勢）

　身長が一番高くなるように立ちます。

・背中→身長が一番高くなるように反り返らせる（胸骨が高くなる）。

・胸骨→息を吸うと位置が高まる。

・お腹→胸骨を下支えするために引き締める。

　音が高くなるとき，音量を増すとき，下がってこようとする胸骨を下支えするために腹壁のエネルギーを増します。

②声帯の振動（喉・首・うなじ）

　「うなじの支え（うなじのアッポッジョ）」をつくるために，首の前が短く，後ろが長くなるようにします。そのためには，胸骨を高くして，顎を引きます。これにより，喉仏の位置が安定します。

　音が高くなるとき，音量を増すとき，下がってこようとする胸骨を引き上げるために，吐き気やあくびをこらえるように，喉・首・うなじのエネルギーを増します。

③共鳴（口の開け方・顔の表情）

　唇，舌，顎，軟口蓋，喉頭の位置，表情筋（共鳴に関連する6つの部位（パーツ））を調節します。

　習熟度のチェックポイントとしては，「①言われてもできない」「②言われたらできる（言われないとできない）」「③言われなくてもいつもできる」「④人に教えることができる」の4段階を意識してみてください。

Q.86
中学校の合唱部での筋トレは
どのように行う？

A 中学校の合唱部員，特に１年生の中には，腹筋を１回もできないという生徒がいることがあります。歌は身体が楽器なので，基礎体力は必須です。筋トレを軽視していると「合唱部員より，日ごろ運動部で活動している応援部員の方が声がよく出る」ということになりかねません。

また，日ごろ運搬などで鍛えている吹奏楽部の生徒たちは合唱部よりも体力があるという例もあります。「運動部並み」とは言いませんが最低限，体力づくりに励みましょう。

では，どこを鍛えるのでしょうか。声楽の支えに関連する筋肉は腹筋だけでなく，脇腹のあたりや背筋，胸筋も含みます。したがって腹筋だけでなく，背筋，そして腕立て伏せなど，バランスよく鍛えましょう。

次は，合唱のための筋トレ，デイリーメニュー例です。

① 腹筋　12回×３セット
② 背筋　12回×３セット
③ 腕立て伏せ　12回×３セット

12回を１セットとします。12回というと少なく感じるかもしれませんが，12回やると30秒休まないとつらいくらいのキツさでやります。12回以上できるとしたら負荷が足りません。そして，１セットやるごとに30秒休憩します。したがって，２人１組で交互にやるのがよいでしょう。

筋トレをしながら息を吐いたり，歌ったりしてみましょう。筋トレとブレスの練習を組み合わせたり，筋トレをしながら歌うことで，息を吐いたり歌ったりするときに筋肉がどう使われているのかを体感することができます。

Q.87

喉頭の高さは,
低喉頭＝話しをする高さでよい？

A 会話では日本語は口腔共鳴がメインですが,欧米諸言語は口腔＋咽頭腔メインです。クラシック声楽で言うところの「普通に話をする高さ」は欧米人にとっての位置なので,我々は姿勢や呼吸を整えてある程度「低喉頭」にするべきと思います。もちろん下げすぎてはいけません。

　喉頭については様々な考え方があり,下げた方がいい,いや,下げない方がいい,いや,むしろ上げた方がいい,など様々な考え方があります。喉頭の位置についての様々な考え方について,一つひとつ見ていきましょう。

　まず,喉頭を上下させることについてです。

　「低音域では喉頭を下げるべき,一方,高音域では喉頭を上げるべき」

　「高音域では喉頭を下げるべき,一方,低音域では喉頭を上げるべき」

　基本的にあらゆる音域で喉頭の位置は安定しているべきですが,一部で音域に応じて喉頭を上下させるメソッドが存在します。これらは,ポップスなど様々音色が要求されるジャンルでは有効な可能性がありますが,クラシック声楽ではあらゆる音域で音色が一貫していることが求められる場合が多いので,音域によって喉頭の位置を変えるやり方は一般的ではありません。

　「喉頭の位置を変えることで,音色を統一する」という考え方もありますが,その場合は,呼吸法や,支え（＝歌うのに必要な筋肉の緊張）,共鳴（声道の形状のコントロール）などの調整を行わないことに由来する不具合を,対症療法的にカバーしていると考えられます。

Q.88
ピアノに埋もれる演奏と
しっかり聞こえる演奏はどこに差がある？

A 次の３つの問題が演奏の差につながると思います。

①シンガーズ・フォルマント（3,000Hz 周辺の高次倍音）

シンガーズ・フォルマントのある声は，ピアノの音に埋もれることなく，遠くまでよく聞こえます。日本音響学会編『音響用語辞典』では，「外耳道は空間的に距離をもっているので，その奥に存在する鼓膜を保護するとともに音響学的に共鳴腔として働き，2,500〜4,000Hz の間に約10dB の音圧増幅作用がある」と説明しています。

②ピアノと同じ音を歌っているつもりが実際は少しずつ低いピッチで歌っている

声がピアノに埋もれてしまう場合，ピアノと同じ音を歌っているつもりが，実際は少しずつピッチを低く歌っていることがあります。ピアノに対して，どのようなピッチ感覚で歌えば埋もれないか研究してみてください。

③ピアニスト側の問題

ピアニストが合唱とのアンサンブルに慣れていないとバランスが悪くなり，声がピアノに埋もれてしまいます。当然ですが，声が埋もれる演奏では，ピアノの音量が大きすぎて，声が客席に十分に届かない状態になっています。

一般的に，合唱とのアンサンブルに慣れているピアニストを探すのは意外に難しいです。一方でピアニストのクオリティは合唱演奏のクオリティに直結します。ピアニスト選びは慎重に，合唱に詳しい人にアドバイスを受けながら進めるのが吉です。

Q.89

上達しやすい生徒に対し，
上達しにくい生徒にはどうアプローチする？

A 上達しやすい生徒と，上達しにくい生徒の違いに対応するには，次の
ようなポイントを考慮する必要があります。

①学習スタイル

いわゆる「車輪の再発明」タイプ。

自分で考えようとしすぎる生徒は，上達しにくい傾向にあります。発声の
メカニズムは生徒が一から解明しなくても指導者側が適切な方法で教えてい
れば効率よく学ぶことができます。

②学習のペース

「二度手間」タイプ。

音が取れていないとか細い声しか出さない。曲を歌えるようになってから，
ちゃんとした声を出そうと考えている生徒は，上達しにくい傾向にあります。

③メンタル

「石橋を叩いて渡らない」タイプ。

緊張しすぎる，間違えたらどうしよう，間違えたら恥ずかしい，みっとも
ないと考えている生徒も，上達しにくい傾向にあります。そもそも練習は間
違いを直すためにやっているという側面もありますので，間違いを恐れず歌
い，指摘されたらすぐに直せばよいのです。

④空気が読めない

「自己中」タイプ。

練習中，自分が気になること（多くの場合は「自分がよい声が出ている
か」を気にしている）ばかり気にして，他の人の声を聴いていない生徒も，
当然ながら上達しにくい傾向があります，というかそもそも合唱の仕組み上，
残念ながら上達するはずがありません。

Q.90
発声を習得する心構えとは？

A 筆者が考える，合唱人が発声を学ぶための『9つの黄金律』をご紹介します。

1. 自分にとっての自然な声を見つけましょう。同じパートの先輩の声や，録音物で聴いた声など，目標をもつことは悪いことではありませんが，真似をしようとしてもあまりうまくいきません。

2. 声という楽器の仕組みを理解しましょう。ただやみくもに発声練習をするだけでは非効率です。「声」という楽器の仕組みを，生理学的・音響学的に理解しましょう。

3. すべての音域が滑らかにつながるようにしましょう。「自分にとっての自然な声」で歌うと，すべての音域が滑らかにつながるようになります。

4. よい響きを聴き分けられる音楽的な耳をもちましょう。他の人の声や，録音した自分の声について，よい響きを聴き分けられる音楽的な耳をもちましょう。

5. 習ったことを盲信せず，常に批評的でいましょう。「声」という楽器の仕組みを，生理学的・音響学的に理解していれば，習ったことを盲信せず，常に批評的でいることができます。

6. 低音や高音はゆっくり伸ばしましょう。千里の道も一歩から，地道に基礎を固めることが結果的に一番近道になります。

7. 練習やレッスンは録音しましょう。きわめて高音質な録音を，いまやスマートフォン一台で行うことができます。

8. 最終的には，自分をレッスンできるようになりましょう。そのために，録音と，レッスンノート（レッスン日記）の作成をオススメします。

9. 一番大切なことは辛抱強いことです。急がば回れ，グッドラック！

Q.91

録音を聴くと声が違うことに気づいたけど，
どうすればいい？

A そのことに気づいていることはとても素晴らしいことです。歌唱時の
発声の管理を聴覚に頼るのではなく，触覚，つまり自分の聴こえ具合
に頼るのではなく確実に頼ることができる発声フォームを見つけることが大
切です。

　声楽の特徴であり，独特の難しさは「歌っているときに自分に聞こえてい
る自分の声と，周りに聞こえている声が違う」ということです。このことは，
自分の声を録音して聴いてみたことがある人なら誰でも知っているはずです。
つまり，自分の声を聴いてよい音色にしようと工夫しても，実際はそれより
平べったい音色の声で歌ってしまっており，そう簡単によい音色にはなりま
せん。多くの人はその事実に気づいているにもかかわらず，ついつい歌いな
がら自分の音色を工夫しようとしてしまい，結局，あまりよい音色で歌うこ
とができないのです。

　もし，歌っている本人によい声に聴こえているときが，その人にとってベ
ストな響きで歌えているときであるなら，声楽はとても簡単です。聴こえ具
合をコントロールするのではなく，具体的なフォーム，声道の構えをコント
ロールすることが大切です。声道の形状に影響を与えるパーツは以下の6つ
です。

　①唇，②顎，③舌，④軟口蓋，⑤表情筋，⑥喉頭の位置

　音色の深さは声道の長さと関係があります。①～⑥の中で，声道の長さ
（声門から唇の先までの長さ）に影響するのはどのパーツでしょうか。ぜひ
研究してみてください。

Q.92
自然な表情をつけるためには
どうしたらいい？

A 目的と手段が逆になっていないか確認しましょう。実現したい音楽が
あって，その音色を実現するために表情筋が動くのです。「顔の表情
をつける」という発想は，一度忘れてください。

　まず，「顔の表情をつける」ことを目的化してはいけません。目的は，「楽
譜に書かれている音楽をより好ましい形で音にして聴き手に届ける」ことで
あり，「顔の表情」は発声技術という，声楽芸術における手段の一つにすぎ
ません。

　「目や口をよく開いている」というのも，そもそも「目や口をよく開く」，
あくびをしているような顔は，「自然な表情」ではありません。そして，「目
や口をよく開く」ということも，それは手段であり，目的ではありません。

　「目や口をよく開く」だけではあくびをしているような顔になり，また，
音色もあくび声のようになるだけで，声はよく響きません。あくび声が「よ
く響いている」と感じるとしたら，それは「共鳴」と「残響」を混同してい
ます。「残響」はホールで歌うと勝手につきます。最終的にホールの客席で
聴こえる残響つきの声をあくび声で再現してしまうと，実際ホールで歌った
らさらにモヤがかかったようになりよく聴こえなくなってしまいます。

　「表情をつける」のではなく，詩や音楽に対して心を動かしましょう。心
が動くと身体が反応します。顔の表情は，声の音色に影響を与えます。ぜひ
トレーニングをしてみてください。

Q.93
運動部からの助っ人部員や，
新入生に短時間で指導するには？

A 筆者なら，以下の3つを軸に指導を行います。

①立ち方（姿勢）

　顎を引き，身長が一番高く測られるように立ちます。顎を引いたときに，目線が床の方に向いてしまうと口元も下向きになってしまい，声も共鳴しづらくなります。

　「床を見ないように」と言葉がけしたり，体育館で練習している場合は，「バスケットボールのゴールを見て」と，言葉がけしたりするのが有効です。

②呼吸法

　肩を大きく上下に動かして呼吸してしまうと，胸を押し潰すように息を吐くことになり，大きい声を出そうとすれば，たちまちどなり声になってしまいます。

　肩を大きく上下に動かさずに，自然に胸を張るようにして深い呼吸をすると，肋骨は水平方向に拡がり，みぞおちと脇腹が拡がる感じがします。この状態を保ちながら歌います。

③口の開け方や顔の表情

　声の響きや音色は，口の開け方や顔の表情によって十分に変化します。合唱部などで特別なトレーニングを受けている生徒でなくても，口の開け方や顔の表情を変えるだけで，声の音色を変えることができます。

　共鳴している感覚を感じながら歌うためのきっかけをつかむには，音色の変化によって声の響きが変化する感覚や，より豊かに共鳴している感覚を味わうことが有効です。

Q.94
はじめて合唱をする中学生に，
まずどのようなことから教える？

A 声の響きや音色は，口の開け方や顔の表情によって十分に変化します。合唱部などで特別なトレーニングを受けている生徒でなくても，口の開け方や顔の表情を変えるだけで，声の音色を変えることができます。

①口の開け方
　唇を横に引くと声の音色は浅くなり，唇を前に突き出すと声の音色は深くなります。

②顔の表情
　明るい表情にすると（目の下の頬の筋膜を持ち上げると）声の響きは明るくなり，暗い表情にすると声の響きも暗くなります。

　「頭蓋骨や，顔面，鼻腔などに響かせる」といったような専門的な発声指導は，経験上，はじめて発声指導を受ける生徒に，50分にも満たない授業時間内で伝授するのは至難の技です。

　一方，声の響きや音色は，口の開け方や顔の表情によって十分に変化します。合唱部などで特別なトレーニングを受けている生徒でなくても，口の開け方や顔の表情を変えるだけで，声の音色を変えることができます。

　共鳴している感覚を感じながら歌うためのきっかけをつかむには，音色の変化によって声の響きが変化する感覚や，より豊かに共鳴している感覚を味わうことが有効です。

　多くの場合，豊かに共鳴している感覚を味わうことができると，生徒がクラスでしゃべっている声より，より合唱に好ましい共鳴をもつ声に変えることができるようになります。

Q.95
発声の基準，見極める基準とは？

A世の中には様々な発声法があります。よく言われるのが，「先生ごとのアプローチは違っても，目指している理想のサウンドは一つである」ということですが，実は必ずしもそうではありません。

むしろ「先生ごとに目指している理想のサウンドが違うから，アプローチがたくさんある」という方が実際の現状をよく表しています。

では，たくさんの理想の中で，発声を見極める基準は存在するのでしょうか。なかなか難しい問いですが，本書では以下の３つを挙げたいと思います。

①ホールでも聴こえる声

どんなによい表現をしても，聴こえなければ歌っていないのと同じです。音楽室で練習しているときはボリュームを抑える方向に練習しがちですが，肝心のホールで聴こえなければ意味がありません。

②表現する手段としての声

すべての発声練習は，詩と曲の世界を表現するために行います。よくある発声上の問題の多くは，発声練習が目的になってしまい，声が詩と曲の世界を表現するために使われなくなっていることが原因となって生じます。

③生徒それぞれにとって生理学的，音響学的に理に適っている声

発声メソッドが，生徒それぞれにとって生理学的，音響学的に理に適っていれば，苦手な音域や母音はないはずですし，息が足りなくなったり，喉が疲れたり，声がすぐ枯れたりしないはずです。

Q.96
どのように発声を学べばよい？

A 一般的に，「やり方は，ボイトレの先生によっていろいろなやり方があるけれど，目標とするゴールはみんな同じ」という説明がされることがありますが，これは必ずしもそうだとは言えません。もちろん，ゴールは同じでやり方が違うだけということもあるとは考えられますが，「目標とするゴールがみんな違うので，ボイトレの先生によっていろいろなやり方がある」という可能性があります。

いくつかのパターンを検討してみましょう。

①理に適ったやり方で，目標とするゴールが同じ

教師Aと教師Bの目標とするゴールが同じで，理に適ったやり方で指導するとき，この両者からレッスンを受けることで相乗効果が生まれて好ましい結果が生まれるでしょう。

②理に適ったやり方だが，目標とするゴールが違う

教師Aと教師Bの目標とするゴールが違うが，理に適ったやり方で指導するとき，まったく違う方法を学んでいると自覚して，「郷に入っては郷に従え」の考え方で割り切って学ぶ必要があります。

③目標とするゴールは同じだが，理に適ったやり方ではない

教師Aと教師Bの目標とするゴールが同じだが理に適ったやり方で指導していないとき，可能であればどちらの教師のレッスンも継続しない方がよいでしょう。

④目標とするゴールが違ううえに，理に適ったやり方ではない

③と同様に，可能であればどちらの教師のレッスンも継続しない方がよいでしょう。

Q.97
合唱団の練習計画を設定するコツとは？

 合唱団の練習計画を設定するコツには以下のようなものがあります。

①マイルストーンを明確にする

「マイルストーン」は，物事の進捗状況の中間地点・中間目標を意味する用語です。例えば，コンクールに向けた演奏を目指す場合は，

・いつまでにどの曲のどこまで音取りを完了するのか

・いつまでに暗譜するのか

・ホール練習をいつするのか

など，練習のマイルストーンを明確にすることで，どのような練習をすればよいかがわかります。

②練習日および練習時間と休みを設定する

練習日および練習時間と休みを設定して，部員の出席状況を把握することで，部員の出席を考慮した効率的な練習ができます。また，練習時間の前半は発声練習，中ほどにパート練習をはさんで，後半は合わせの練習といったように，時間を区切って練習内容を設定すると効果的です。

③定期的に振り返りと修正を行う

定期的に練習計画を振り返り，改善点や課題を洗い出し，次の練習に生かすことが大切です。例えば，「もっとパート練習の時間がほしい」「もっと発声練習の時間がほしい」といった部員からの意見を取り入れることも，よりよい練習計画をつくるためには重要です。

Q.98

1回の練習で扱う分量は
どのように決める？

A 楽譜の見開きを単位にして，曲が見開き何枚になるかを把握します。次に，1回の練習で見開き何枚進むことができるか検討します。1回の練習で見開き何枚ずつ進むかが決まれば大体何回の練習で一通り練習できるかをスケジューリングすることができます。

　例えば，見開き10枚ある曲に取り組んでいたとして，1回の練習で見開き2枚ずつ進むことができると判断して，実際に1回の練習で見開き2枚ずつ進むことができれば，5回の練習で一通り練習することができます。また，1周を1単位として，演奏機会の期日までに何周できるかを把握することができます。

　スケジュール管理という面では，計画を柔軟に変更していくことも大切です。スケジューリングの段階では1回の練習で見開き4枚進むことができると考えていたにもかかわらず，実際は2枚しか進まなければ当然計画を変更する必要があります。

　スケジュールに振り回されて無理やり練習を進めようとすると，消化不良を起こします。しかしながら，あまりにじっくりとやってしまうと繰り返し歌い込むことができなくなり，身体に染み込むところまではいかなくなってしまいます。

　練習スケジュールの管理は指揮者にとって，選曲に並ぶ大切な仕事です。選曲と練習スケジュールの管理は表裏一体とも言えます。選曲も練習スケジュールの管理もやはり経験が物を言います。ぜひ経験を積んでいってほしいと思います。

Q.99
合唱指導の基本的な流れとは？

 合唱の練習は基本的に以下のサイクルで成り立ちます。

①現状を伝える

　目の前で鳴っている合唱団のサウンドは，楽譜から読み取れる理想のサウンドそのものでしょうか。もしそうでないなら現状を伝える必要があるはずです。

②理想の姿を伝える

　理想の姿を伝えるためには，楽譜から音楽を思い浮かべることが最重要です。指導する側に理想の姿のイメージがなければ，何を指摘したらよいかがわからず，練習中に立ち往生してしまいます。もし楽譜から音楽を思い浮かべることが難しい場合は，複数の YouTube や音源資料を聴き込んでみてください。

③解決策を提案する

　①，②を行ったうえで，解決策を提案します。解決策は本書を参考にしつつ，日々の練習の中で使ってみながらブラッシュアップしていってください。

④実行する

　→解決（解決していなければ②に戻る）

　提案した解決策を実行します。③で提案した解決策で解決しなければ，②に戻ります。

Q.100
初心者の新入生に，
はじめはどのような指導をしたらいい？

A まずは声を出すことに慣れてほしいですね。あまり細かいことは気にせず，どんな声でもよいのでまずは大きい声で歌うように指導してください。声量はあるけれど荒削りな声は，調整することで声量のある洗練された声にすることができますが，声量がない声は，一度荒削りでもよいので声量を出さないと声量のある洗練された声にすることはできません。

大学などの合唱サークルだけでなく，学校の合唱部でも同じことが言えますが，新入生獲得はサークルや部活動にとっての一大事，せっかく入団してくれた新入生は大事にしたいですよね。そのようなことを踏まえても，最初から細かいことを指導するのはあまりオススメしません。まずは，声を出すことに慣れることから始めましょう。あまり細かいことは気にせず，どんな声でもよいのでまずは大きい声で歌うように指導してください。

取り組む曲も，あまり複雑なものではなく，メロディがはっきりした，ポップスの合唱アレンジなどをオススメします。同時に少しずつでよいので，オーセンティックな楽曲，上級生が演奏会で歌うような曲も織り交ぜてみてください。

学生同士であれば「指導する」より「一緒に熱狂」する。上級者自身が「カッコいい」「こうなりたい」と感じている合唱の動画を新入生と見て「合唱ヤバい」って一緒に思ってもらえたらよいでしょうね。新入生もうまい先輩を真似したくなって，楽しく，かつ上達できると思います。応援しています！

Q.101
短い練習時間の中でよりうまくなるには，どの点に集中すればいい？

 次の４点に集中しましょう。

①常に「今，この瞬間」に集中する

　案外多いのが，練習中別のことを考えてしまっているパターンです。「今，この瞬間」に集中していないと，同じミスを安易に繰り返したり，指揮者やリーダーの指示を聴きそびれてしまったりして非効率な練習になってしまいます。

②歌っているとき以外の行動をスムーズにする

　次に多いのが，歌っているとき以外の行動がスムーズでないパターンです。筆記用具を用意していなかったり，楽譜を用意するのが遅かったり，休憩後，練習開始の状態になるのに時間がかかったり，パート練習から合わせの練習に移るときの移動が遅かったり，様々なパターンがあります。

③「なぜ今この練習をやっているのか」を全員が理解して練習する

　短い時間で成果を上げるには，

　「なぜ今この練習をやっているのか？」

を全員が理解して練習することが必要です。例えば，ハーモニーを確認しているのに自分がよい声で歌えているかを気にして他のパートの声を聴いていなければ，練習の効果は上がらないでしょう。

④個人個人が能動的に取り組む，予習復習をする

　能動的な取組とは，例えば，取り組む曲について興味をもつこと，具体的には作曲者，作詞者，同じ作曲家の別の作品などについて各人が調べるということが挙げられます。

Q.102
本番のどのくらい前までに
どの程度歌えるようになっていたらいい？

A 一つの基準として，「本番2週間前までにドレミで暗譜を完了」ができると，仕上がりに向けてのよい下準備になります。同様に発声面の課題克服も2週間前にはクリアしておけるとラストスパートがかけやすくなります。

　本番2週間前までに，自分の歌うパートをドレミで暗譜を完了するのはとても有効です。音取りに不安がある状態では十分な音楽づくりを行うことに困難を伴います。本番2週間前からの音楽づくりに備えて，本番2週間前までにドレミで暗譜するくらいの練習をこなしましょう。まずは部員全員がドレミで歌うことができなければなりません。そのためには，部員全員がドレミを読むことができなければなりません。楽譜を配付したら，パートリーダーを中心に，最初にドレミを楽譜に書き込む時間をとるとよいでしょう。

　本番2週間前の時点で，発声面で不安がある場合は，まずはしっかり発声面の課題をクリアしていきましょう。例えば，本番1週間前になって，まだ発声の基本的な事柄の練習をしなければならないとしたら遅すぎます。

　自分に余裕があってはじめてハーモニーを意識できるようになります。例えば，自分が歌わないパートも歌うことができるようになると余裕ができます。自分で歌うことができるパートは，自分のパートを歌っているときも聴こえやすくなります。

Q.103
合唱部員の育成のコツとは？

A まずは発声を安定させましょう。しっかりした声が出せるようになると合唱をするのが楽しくなり，モチベーションも高まります。一方，ちゃんとした声が出ていないと，曲の音取りもなかなか進まないものです。例えば，吹奏楽部の場合，当たり前ですが，楽器は完成品を使用しています。毎日少しずつ楽器を組み立てていき，完成品を目指したりしません。合唱部の場合，多くのメンバーが使う楽器は完成品ではありません。楽器の仕組みや構造を学び，毎日少しずつ声という楽器を組み立てていき，完成品を目指さなければいけません。

　また，しっかりした声が出せるメンバーが出てくると，周りのメンバーも刺激を受けて，真似をするようになります。よい声が出ているメンバーがいたら，機会を逃さず，褒めて，進むべき方向を全体に示しましょう。

　まだ自信をもって歌えていないメンバーだけを名指しで指導するのは大事ですが，その影響が裏目に出て，合唱団の中で自他ともに認める「一番うまい」メンバーが，「自分は歌えているから」とあぐらをかくような事態は絶対に避けなければいけません。

　合唱団のレベルは，その合唱団で一番よく歌えるメンバーのレベルより高くなることはありません。合唱団で一番よく歌えるメンバーのレベルが，その合唱団全体のレベルに大きく影響します。

　すべてのメンバーの力を引き上げていくのが大切なのは言うまでもありませんが，合唱団のレベルアップを目指すためには，合唱団の中で自他ともに認める「一番うまい」メンバーが，一番伸びなければならないことをしっかりと伝えましょう。

Q.104
本番に向けて曲を仕上げていく
作業工程はある？

A　まずは間違えてもいいので充実したしっかりしたサウンドで歌えるように練習していきます。まずしっかりした素材がないと，フレージングを造形していく（削り込んでいく）ことができません。

　一番避けたいのは，音取りに不安がある段階で細部を気にしすぎることです。多くの場合，音取りに不安があると，不安げな声になります。これは，音取りに不安があると，支え（歌うのに必要な筋肉の緊張）がゆるみやすかったり，声門閉鎖がゆるみやすかったりするのが原因です。

　そもそも練習は，声の技術を高めながら，音の精度を上げたり，フレージングを造形して（削り込んで）いったりするために行うのですから「音を間違えたらどうしよう」「変な声を出してしまったらどうしよう」などと，あまり考えすぎないようにしましょう。起きてもいないことに気を取られずに，問題のある部分を改善していくことに集中しましょう。

　サウンドが充実してきたら，「音量（フレージング）」をデザインしていきます。まずは，大まかに，全体から徐々に細部に向かっていきます。同時進行で「音高」調整も行っていきます。作業工程の中で，先に「音色」「音量」が整ってきていれば，「音高」に意識を向けても声がトーンダウンしづらくなっているでしょう。

　一度指摘を受けた部分は，できるだけ少ない回数で改善できるように努力しましょう。本番に向けて曲を仕上げていく手順として，上記のような作業工程を踏まえて練習を行っていけば，非効率な練習になることを避けられると思いますので試してみてください。

Q.105

合唱指揮者にとっての譜読みとは
どのような作業を指す？

A 合唱指揮者にとっての譜読みは，まず，すべてのパートを歌えるようにします。そして，何回もピアノで弾いてみます。次に，（または同時進行で）どのように練習を進めていくか考えていきます。

　合唱指揮者にとっての譜読みとは，音を把握するだけでなく，

・どのような手順で練習を進めていくか

・どういうところで手間取りそうか

・どのくらいで譜読みが完了しそうか

を検討していく作業です。

　第一にすべてのパートを歌えるようにします。そうすることで，上記3点の見通しが立ってきます。そして，何回もピアノで弾いてみます。パートごとだったり，複数のパートだったり何回も弾きます。そうすることで，

・複数のパートの音程やリズムの関係の把握

・実際の練習でパートをガイドしながら練習する準備

をすることができます。

　次に，（または同時進行で）どのように練習を進めていくか考えていきます。

・どのような手順で練習を進めていくか。

　オススメはすべてのパートを全員で歌ってみることです。歌ったことがあるパートは聴きやすくなるため，全体で合わせたときにハモりやすく，またズレにくくなります。

　必ずしも曲のはじめから練習を始めるとは限りません。曲によっては「後ろから」「とっつきやすい箇所から」「一番難しい箇所から」練習を始めるのもそれぞれメリットがあります。

Q.106
暗譜のコツとは？

A オススメは，「どうしても見ないと歌えないとき以外は，楽譜から目を離す」というやり方です。もちろん，どうしても見ないと歌えないときはちゃんと楽譜を見てください。時々，楽譜を見ないと歌えないときも，楽譜から目を離そうとする人がいますが，それは暗譜の練習になっていません。

「楽譜を見ないととても不安になる」という場合，もしかすると楽譜を見ないと歌えない箇所で，楽譜から目を離そうとしていないでしょうか。それでは不安になるのも無理はありませんし，そもそも暗譜の練習になっていません。「どうしても見ないと歌えないとき以外は，楽譜から目を離す」ようにすると，少しずつ楽譜を見なくても不安にならないようになります。どうしても見ないと歌えないときは，楽譜から目を離さないのがポイントです。このようにして，自分の歌唱状況や暗譜の進捗状況を計りながら練習してみてください。暗譜が不安だと発声が不安定になるのにも理由があります。誰しも演奏中や練習中に不安を感じると，「支え（歌うのに必要な筋肉の緊張）」がゆるんで失われ，歌うのに不要な筋肉の緊張（＝「力み」）が生じるからです。「力み」を何とかしようとして誤って「脱力」をしようとするとさらにまずいことになります。声門閉鎖もゆるみ，息もれ声になったり，ブレスが保てなくなったり，地声と裏声の接続がうまくいかなくなったりと，発声が不安定になってしまいます。

「どうしても見ないと歌えないとき以外は，楽譜から目を離す」というやり方は，暗譜をしなければいけない曲を練習するときに非常に有効ですが，暗譜をする必要がない曲を練習しているときにも有効です。楽譜を見ないで歌える箇所は歌えるようになっていて，楽譜を見ないと歌えない箇所は，まだ頭に入っていない箇所です。

Q.107
各種オンライン会議ツールを使う場合の オススメの練習は何？

A 2020年以来のコロナ禍の影響によって，合唱を取り巻く環境も大きく影響を受けました。様々な困難に見舞われましたが，一つの収穫としては，各種オンライン会議ツールが，ある範囲においては合唱練習にとって有益であることがわかりました。オンラインにおける，オススメの練習をお伝えします。

①曲の解説（レクチャー）
②発音練習

　これまでであれば，曲の解説や外国曲であれば発音練習を対面で集まって行ってきたわけですが，曲の解説や外国曲の発音練習であれば，合唱練習の時間に対面で集まって行わずとも，各種オンライン会議ツールを用いて対面での場合とほぼ同じように行うことができます。

③詩の解釈
④その他打ち合わせ

　詩の解釈について意見交換を行ったり，その他打ち合わせ，パートの並びをつくったり，パートへの約束事の共有，例えば，カンニング・ブレスなどの打ち合わせであれば，各種オンライン会議ツールを用いて対面での場合と，ほぼ同じように行うことができます。

⑤パート練習

　実際に歌う練習としては，パート練習の中で一人ずつ歌ってもらって指導者やパートリーダーからのフィードバックを受けます。他の参加者は基本的に，同じパートのメンバーが歌うのや指導者やパートリーダーがどのようなアドバイスをするかを聞きます。こういった練習であれば，各種オンライン会議ツールを用いて対面での場合とほぼ同じように行うことができます。

Q.108
パートミーティングが
うまく機能するためのコツとは？

A 例えば，カンニング・ブレスや隣の人とのフレージングの不一致など
は指導者よりも生徒たちの方が違和感を覚えていることがあります。
このような場合には「ここまでで気になったことを，パートでミーティング
してください」などの声かけをして生徒の自主性を育てましょう。もちろん，
必要に応じて指導者も助け舟を出します。パートミーティングに際して，何
をミーティングしたらよいかわからないという場合は，例えば，以下のよう
な具体的なテーマを提示してみてください。

①詩と音楽の関係性に着目する

　合唱においては，詩の解釈だけを取り出して生徒に話し合いをさせても，
あまり意味がありません。詩はすでに作曲者が解釈して曲をつけています。
むしろ詩と音楽の関係性を読み取る練習をするのがよいでしょう。このよう
な取組をアナリーゼ＝分析と言います。

②言葉の特性に着目する

　アナリーゼ＝分析を行ったうえで，発声という手段を駆使して，どのよう
に歌ったら言葉のニュアンス，行間ににじみでる詩人と作曲者の思いを聴衆
に伝えることができるかを音楽的な要素から検討していきます。言葉の表現
に気をつけて歌うだけでなく，言葉と音楽との関係を重視することが大切で
す。

・言葉の特性…言葉の抑揚，アクセント，リズム，子音・母音の扱い，言語
　のもつ音質，語感など
・音楽の特性…リズム，メロディ，和声，テンポ，強弱，楽語，記譜上のア
　ーティキュレーションなど

Q.109
本番後の反省会,
振り返りをするときのコツとは？

A 自分たちの演奏を振り返る方法としては，演奏の録音を聴く，聴いてくれた人に感想を聞く，審査員の講評を読む，合唱祭や演奏会ならアンケートを読む，などがオススメです。

　コンクールやコンテストの後に反省会をする部活は多いかと思います。コンクールの結果がよいときはあまり取組を省みず，結果が悪いと犯人探しのように人のせいにする。これでは学びは深まりません。反省会をするなら，反省するべきポイントは「ベストを尽くしたか」という点です。

　大切なのは結果ではなく，何ができるようになったかです。そして，まだ何ができなかったか。もし次があるとすれば，次にできるようにするためには，今後の取組をどう変えていけばよいのかです。

　コンクールの結果に一喜一憂することはありません。大切なことは，
・指揮者と部員がやりたかったこと，表現したかったことができたか
・部員たちが互いを認め合うことができるようになったか
・歌っていて楽しかったか
・聴いた人に何かを与えることができたか，
です。

　思うような結果が出なかったときこそ，今の自分に足りないものに気づくチャンスです。一番の近道は目標を見つけることです。同じ都道府県，同じ地域の他校の先生，地域の合唱指導者の中で目標となる人を見つけること。最初は真似で OK です。「学ぶは真似ると語源が同じ」という説があります。型から入りて型から出でよ。真似ながら学ぶうちにあなたのオリジナリティが生まれるでしょう。

Q.110
パート練習の時間が取れない場合の
音取りをどうする？

A　活動時間の都合でパート練習の時間がとれなければ，全員で，全パートを歌ってみるのをオススメします。繰り返し繰り返し，とにかくたくさん歌ってみてください。これによって段々と音が取れてきます。さらに，他のパートを意識できるようになり，結果としてハモりやすくなるという，一石二鳥の練習です。

　全員で全パート歌うためには，２つのことをする必要があります。

①全員でリズム読み

　音取りが苦手な人は大体リズム読みが苦手です。リズム読みが苦手だと，キーボードでガイドをしても，ついてこれなくなってしまいます。

②全員で音取り

　パートで音取りするより，全員で音取りした方が捗ることが多いです。少ない人数で歌うよりたくさんの人数で歌った方が周りの声がよく聴こえます。また，たくさんの人数で歌った方が心理的にリラックスして声を出せるという側面からもプラスの効果があると考えられます。

　音取りの段階では，過ちをおそれず思い切って歌いましょう。歌い間違いを指摘されては修正して，を繰り返してはじめて音取りが完成します。

　「音が取れてから声を出そう」

　「間違えたらどうしよう」

　「変な音を出したら恥ずかしい」

などと考えながら歌ってもなかなか音が入ってきません。ドンドン歌いましょう。

Q.111

ピアノのガイドがなくても
歌えるようにするには？

A パート内に音が取れているメンバーがいないのであれば，他のパートのメンバー全員で，そのパートを歌ってみるのがオススメです。

ピアノのガイドを外すと「他のパートにつられてしまう」「音を見失ってしまう」のなら，それは単にピアノのガイドを外す段階ではないという説がありますが，そもそも，ピアノのガイドがなくても，しっかり歌えるメンバーがパートに数名ずつ，少なくとも一人いれば，周りのメンバーは歌えているメンバーの声をよく聴けば歌うことができるはずです。

理想を言えば，パート分けの時点で，各パートに核となるメンバーを配置する必要があります。パートの核となるメンバー，多くの場合はパートリーダーがその役割を担いますが，パートリーダーは周りのメンバーに先んじて音取りをして，ピアノガイドがなくても歌えるようにする必要があることを自覚してもらう必要があります。

パート内に核となるメンバーがいるのに違う音を歌ってしまうメンバーは，多くの場合，「自分の声がよく響いているか」ばかり聴いていて（気にしていて）周りを聴いていないので，まずはしっかり周りを聴きながら歌うように指示しましょう。

「間違えても構わないから大きな声で歌ってみよう！」
「発声が乱れても構わないので大きな声で歌ってみよう！」
などの声かけをして根気強く，反復練習をしていきましょう。

Q.112
音取りをスムーズに行うコツとは？

A 一見遠回りに思えるかもしれませんが，最低限，自分の歌うパートは
ピアノで弾けるようにすると，音取りの定着度合いが一気に高まります。

　パート音源は便利ですが，音源を聴くだけではどうしても受動的で，なかなか音が定着しないかもしれません。パート音源を使うな，とは言いません。パート音源と併用してOKですので，能動的に音取りをするために，最低限，自分の歌うパートはピアノで弾けるように指導してみてください。

　何事もそうですが，「一見遠回りに思える正攻法が，結局のところ一番確実であり，結果的に一番近道ですらある」ということがよくあります。実際，自分の歌うパートをピアノで弾けるように指導するのは，一見遠回りに思えるかもしれませんが，パート音源だけに頼るより，音取りの定着度合いは一気に高まります。

　「効率的に練習したい」という意識をもつのはよいことですが，効率よくやろうとする意識だけが先行した結果，逆に非効率になってしまっては本末転倒です。実際，自分で音を生み出すプロセスを踏まずに「取った音」は，すぐに忘れてしまいます。なかなか定着しません。間違いにも気づきにくくなります。それでは，高いレベルでの合唱演奏は難しいです。

　すでに覚えてしまったメロディをドレミで歌うこと，ピアノで弾くことも，ソルフェージュ力の向上に役立ちます。自分でピアノを弾きながら，ドレミで歌うことができれば申し分ありません。

Q.113

なかなか自信をもって歌うことができない場合の解決方法とは？

A 「ドレミでリズム読み」をオススメします。ピアノでガイドしてもなかなか自信をもって歌えない場合，以下の２つがボトルネックになっていることが多いです。

実際の合唱指導の現場では，「ピアノのガイドがあれば，初見でもドレミですぐに歌うことができる」という技能が身についていれば十分と言えます。この段階に達しておらず，音取りの練習で，ピアノでガイドをしているのに声が出てこない，という場合も，以下の２つがボトルネックになっていることが多いのです。

①リズムが読めない

リズムが読めない状態を改善するためには，リズム打ち（手拍子や鉛筆で机を打ちながら）や，リズム読み（歌詞を外して，「ターンタンタン」のようにリズムを読む）を地道に，そしてゆっくり確実に繰り返していくことが，地味ですが一番効果があります。

②ドレミが読めない

ドレミが読めない場合は，はじめはすべて書き込んでそれを読んでいきます。生徒が自力でドレミを書き込むのが難しければ先生や先輩に教えてもらって書いてももちろん OK です。地道に続けていくと徐々に自分で書き込めるようになり，そして，それを繰り返すうちに，徐々に書き込まなくても読めるようになります。

Q.114
なかなか音を覚えることができない場合の打開策はある？

A 「音取りが苦手で，なかなか音を覚えることができない」というシチュエーションを，さらに細かく分類してみましょう。

①音が取れているメンバーと一緒に歌えば歌うことができ，音を覚えられる（一人で歌えるようになる）

自分で音取りができるなら，それに越したことはありませんが，自分で音取りができなくても，「音が取れているメンバーと一緒に歌えば歌うことができ，音を覚えられる（一人で歌えるようになる）」のであれば，実践面ではほとんど問題ありません（もちろん，並行して少しずつでよいので自分で音取りができるように指導をしていくようにしましょう）。

②音が取れているメンバーと一緒に歌えば歌えるが，音を覚えることはできない（一人で歌えるようにはならない）

どんなに効率的な方法で音取り練習をしたとしても，ある程度は時間を割く必要があります。この場合は開き直って，一人で歌えるようにはならなくても，音が取れているメンバーと一緒に歌えば歌えるならよしとするという選択肢も検討する必要があるでしょう。

③音が取れているメンバーと一緒に歌っているのに歌えない（ついてこれない）

音取りが苦手な人は大体リズムを読むのが苦手です。この事態を打開するカギはリズムを読む練習をすることです。リズムを読む練習をして，リズムが読めるようになると，「音が取れているメンバーと一緒に歌えば歌える」状態になり，音取りがだいぶスムーズに行えるようになります。

Q.115
効率的な音取り練習と
非効率な音取り練習の差とは？

А 効率的な音取り練習は「何も工夫せずにひたすら反復する」練習より，より音が取れる練習です。一方，非効率な音取り練習は「時間をかけたにもかかわらず音が取れるようになっていない」練習です。

まったく同じ時間，音取り練習に参加しているのに，同じパートの中で音が取れる人と，音があまり取れない人がいる，ということがたびたび起こります。この差は一体なぜ生じるのでしょうか。

まず，音が取れない人は，周りの人が歌う音やピアノのガイドの音を「聞いてはいても，聴いていない」ことが多いです。まずは，周りの人が歌う音やピアノのガイドの音をちゃんと集中して「聴く」ことから始めましょう。

次に，音が取れない人は，リズムが取れていないことが多いです。リズムが取れなかったり，あいまいだと，ピアノでガイドしたり，歌える人と一緒に歌っているのについていけないという状態になってしまいます。

最後に，パート練習を効率的に行うことは，もちろん大切ですが，音が取れるかどうかは，「効率とかけた時間のかけ算」によって決まります。例えば，繰り返し聴いている CM ソングは無意識のうちに覚えてしまうものですが，「効率を求めすぎて，逆に非効率になっている（音が取れない）」練習をするくらいなら，ひたすら「何も工夫せずにひたすら反復する」練習で，時間をかける方がはるかに楽ですし，役に立ちます。

Q.116
初見への苦手意識を克服するための
訓練方法はある？

A 「ドレミでリズム読み」をオススメします。一般に「初見が苦手」という場合，「リズムが読めない」「ドレミが読めない」「音感が伴わない」「発声が伴わない」の4つの原因が考えられますが，意外に多いのが最初の2つだからです。

①リズムが読めない

例えば，今取り組んでいる曲の自分のパートのリズムを手拍子で演奏してみましょう。雰囲気で適当にリズムをとっていると，手拍子にした途端，リズムが怪しくなりがちです。

次に，今取り組んでいる曲の自分のパート以外のパートのリズム，特に自分のパートとリズムが異なる部分を手拍子で演奏してみましょう。ちゃんとリズムが読めていないと，手拍子を打つことができない箇所が露になります。

②ドレミが読めない

ドレミを読むのが苦手であれば，まずは読み仮名を振るようにドレミを書き込んでください。はじめのうちは自分が歌うすべての音符にドレミを書き込んでみてください。慣れてくると，徐々に読めるところ，例えば，同じ音が連続するところはドレミを書き込まなくても読めるようになります。そうやって少しずつドレミを書き込まなくても読めるようになっていきます。

ドレミがある程度読めても，リズムに乗せると読めなくなってしまう（口が回らなくなってしまう）場合は，リズムを外して，自分で読むことができる速さから始めてみてください。ただし in tempo（自分の都合で，途中でゆっくりになったり，つまったりしない）で読むのがコツです。

Q.117
初見の力を鍛えるためにはどうすればいい？

A すでに歌える曲に階名または音名を振って歌うのがオススメです。例えば，これまで歌ったことがある曲を階名または音名で歌ってみましょう。

①移動ド唱法による階名唱

例えば，文部省唱歌「故郷」を，調性や開始音を問わず「ドードードーレーミレ，ミーミーファーソー」と歌います。すでに歌える曲でも，バッチリ階名唱の練習，それによって相対音感をトレーニングすることができ，初見力が高まります。

②固定ド唱法による音名唱

例えば，文部省唱歌「故郷」を，調性や開始音に合わせて実際に記譜されている音名を歌います。これによって，移動ド唱法による階名唱ほどではありませんが，ある程度の相対音感と初見力を身につけることができます。また，楽譜を読むことに慣れることで鍵盤での音取りがスムーズに行えるようになります。

なお，固定ド唱法による音名唱をしても，絶対音感のトレーニングすることにはならない（絶対音感をトレーニングするためには，幼少期から鍵盤楽器に取り組んでいないと難しいため）ので気をつけてください。

初見の力を高めたければ，初見のときにいきなり歌詞で歌うより，階名または音名で歌うのがよいでしょう。楽譜に書き込まないと階名や音名が読めない場合は，はじめはすべて書き込んでよいでしょう。生徒や部員が，自力で書くのが難しければ先生や先輩に教えてもらって書いて OK です。地味ですが，地道に続けていくと徐々に自分で書き込めるようになりますし，そうしているうちに段々と書き込まなくても読めるようになります。

Q.118
ユニゾンを美しく歌える合唱団が
うまいのはどうして？

A 声部内のユニゾンが存在しなければ，ハーモニーをつくることができません。したがってユニゾンを美しく歌える合唱団は，ハーモニーをつくるのも上手であると考えられます。

　声部内のユニゾンは，チューニングと同じです。チューニングが狂っていたら，十全な響きのハーモニーをつくることができません。ピアノ（楽器の方）は一つの鍵盤を弾くとハンマーが複数の弦を叩きます。この弦が調律されていないと，ハーモニーどころではなくなってしまいます。

　適切なユニゾンをつくるためには，自分の声だけを聴くのではなく，周りの人の声を聴きながら歌う必要があります。自分の声だけを聴いて歌っていては，偶然適切なユニゾンになることはあっても，能動的に適切なユニゾンをつくることはできません。能動的に適切なユニゾンをつくろうとするなら，周りの人の声を聴くことはマストです。

　パート内ユニゾンをつくるためには，「誰に合わせるか」が決まっている必要があります。慣れている人同士であれば練習の中で何となく決まりますが，パート内ユニゾンがどうやらおぼつかない，怪しそうである，という場合は指導者側から「ユニゾンを誰に合わせるか決まっていますか？」などの声かけをする必要があります。

　美しいユニゾンをつくるための練習としては，誰でも歌える唱歌，童謡を歌詞で歌ったり，ドレミで歌ったり，任意の母音と子音を組み合わせたシラブルで歌ったりするのが効果的です。他にも例えば，自分たちの学校の校歌を歌うのもよいでしょう。

Q.119
ユニゾンを美しく歌うコツとは？

A　ユニゾン（斉唱）は合唱の基本です。ユニゾンが美しい合唱団は合唱
も美しく演奏することができます。パート内のユニゾンが存在しない
合唱演奏は調律をしていないピアノで演奏しているのと同じです。ユニゾン
における「よいピッチ」は，自分の声だけに集中することで生まれるのでは
なく，他者の声を「聴くこと」の結果としてあらわれます。

　ピッチが悪い音を，「聴くこと」を促さずに，ただ単に「低い」「高い」な
どと指摘したり，「音が違う」「もっと合わせなさい」と指摘したりしてもあ
まりよくならない（むしろひどくなるかもしれない）ことが多いです。した
がって，このような指導は「よいユニゾン」を目指す指導としては，適切と
は言えないでしょう。

　さらに重要なのは，「声を小さくしてユニゾンを合わせようとしてはいけ
ない」ということです。他者の声を「聴くこと」をしなくても，単に声を小
さくすれば，表面上，ユニゾンが揃いやすいのではと思われるかもしれませ
んが，これでは単に個々人の声の差異が目立たなくなっただけです。そもそ
も，これでは一定以下の音量でしか歌えなくなってしまいます。

　また，「周りを聴きましょう」と言われると，無意識に自分の声を小さく
してしまう場合がありますので注意が必要です。

　「周りを聴くときに自分の声を小さくしてはいけません。あなたが声を小
さくしてしまうと周りの人はあなたの声を聴くためにさらに声を小さくしな
ければならなくなってしまいます」
と声かけをしましょう。

Q.120
女性が男声パートを歌うときのコツとは？

A 発音を変えると音色が変わります。例えば，宝塚の男役トップスターのイメージ，発音の雰囲気で歌ってみてください。音色が変化するのがわかるかと思います。

また，男声は基本的に裏声ではなく実声で歌うので，女性が男声パートで地声を使うか裏声を使うか，という点で言えば，一部の例外を除けばまずは地声を使うことになります。「使える地声」を見つけてみてください。

「地声」にもいろいろな音色があります。口を横に引いてしまうと，雑な音色になり，「使えない地声」になってしまいます。口の開け方は「発音」と言い換えることができます。

宝塚歌劇団の男役トップスターのような品のある発音で地声を発声すれば雑な音色は出なくなります。このようにコツをつかんで「使える地声」を見つけていきましょう。

男声パートを女性が歌うときでも，音域が高い場合は例外的に裏声を使うことになりますが，女性的な響きにならないように注意が必要です。あくびのようなやり方で口や喉のスペースを余計に広くしてしまうと，声のピントが合わなくなり，ぼんやりしたフクロウ声になってしまい，音色が男声の響きに相応しくなくなってしまうので気をつけてください。

Q.121
パート内で歌い方がまとまらず
雑然としてしまうときはどうする？

A 「フレーズ読み」練習をしてみてください。「フレーズ読み」は，楽譜に書かれている情報のうち音の高さだけを外して，歌詞を読む練習法です。楽譜から音高を外して，ニュアンス，強弱，抑揚，語感，リズム，テンポを感じながらリズム読みしていきます。呼吸や支え，共鳴の練習と連動させて行います。

　フレーズ読みは言葉と音楽的なフレーズとの関係を身体に染み込ませることを目的としています。具体的には言葉の発音，アクセントの位置と拍子の関係を必要に応じて指揮をしながら確認していきます。そのテキストを心から発したときの身体の感覚を感じながら，フレーズをつくっていきます。そうすればあとは音をつけるだけです。

　言葉の特性を生かして読むことも大切です。言葉と音楽的なフレーズとの関係にかかわる要素には以下のものがあります。

①言葉の抑揚

　通常のリズム読みではともすればお経のようになってしまうことがあります。フレーズ読みでは記譜上の音の高さから離れ，言葉の抑揚を重視しながらリズムで読んでいきます。

②アクセント

　フレーズ読みでは，その言語がもつアクセントや，その歌詞に作曲家があてた拍子のアクセント（強弱中強弱など）を擦り合わせながら読んでいきます。

③リズム

　歌われる歌詞が元々もっているリズムと作曲家があてたリズムを擦り合わせながら読んでいきます。

Q.122
個性派揃いで揃わないベースパートに
何を意識してもらえばいい？

A パートのユニゾンに必須である「聴くこと」を徹底したうえで，「発音の仕方を揃える」「発音のタイミングを揃える」「和声や歌詞のニュアンスを共有して発音のテンションを合わせる」「簡単に出すことができる音域ほど支え（歌うのに必要な筋肉の緊張）をキープする」あたりに気をつけてみてください！

　ユニゾンにおける「よいピッチ」は，自分の声だけに集中することで生まれるのではなく，他者の声を「聴くこと」の結果としてあらわれます。まずは，パートのユニゾンに必須である「聴くこと」は必ず徹底しましょう。そのうえで，ベースパート特有の問題について検討していきます。

　合唱では「ベース」というように一括りになりますが，バリトン（テノールとバスの中間の声種）とバスではそもそも声質が異なります。また，さらに細かい声種の区別として，

・ハイバリトン（テノールに近いバリトン）
・バリトン
・バスバリトン（バリトンとバスの中間の声種）
・バス（ローベースとも呼びます）

というように，一口に「ベース」と言っても実際は様々なタイプの声種が含まれます。

　したがって，単に声質そのものを合わせるより，発音の仕方や，発音のタイミング，発音のテンションを合わせていった方が，結果的にパートのサウンドが整ってきます。また，当然ですがバリトン系は低い音域が苦手なことが多く，バス系は高い音域が苦手なことが多いので，ベースパート内でうまく助け合いながら分担してパートを歌っていく必要があります。

Q.123
高音域が混ざらず飛び抜けて聞こえる
テノールはどうすればいい？

A　改善の意思があるかを確認する必要はありますね。そのうえで，次の
3つなどを試してみるのはいかがでしょうか。

①録音を聴いてもらう

　そもそも，自分の声が全体の響きの中でどのように聴こえているか。調和
しているか突出しているかを確認してもらうには，録音をして，聴いてもら
うのが一番効果的です。

②軟口蓋を下げて鼻に息を抜いてもらう（アンチ・フォルマント）

　目を見開き，眉を持ち上げると軟口蓋が下がって鼻に息が抜けます。鼻に
息が抜けて，息がもれたぼんやりした音色の状態を，俗に「鼻抜け」と呼び
ます。

　「鼻抜け」の状態は悪い意味で「合唱っぽい声」です。通常とは異なる声
の出し方で声量を落とす方法であり，通常であれば，何か特別な表現上の必
要がない限りはこの「鼻抜け」声で歌わないようにしますが，毒をもって毒
を制すの発想で，試してみる価値ありです。

③テナーにアルトパートを一緒に歌ってもらう（体験してもらう）

　テナーにアルトパートを歌ってもらう（体験してもらう）ことで，同じ内
声を担当しているパートがどういう音色で歌っているかを体感してもらうの
もよい方法です。

Q.124
パート内で声質が合わないのは
どうしたらいい？

A パート内で声が合わない場合には，次の３つのような対処法があります。

①周りの人の声を聴く

声が硬すぎる人は自分の声を頭蓋骨に余計に響かせようとしている可能性があります。自分の声を聴こうとして，頭蓋骨内，眼の奥，鼻の裏声のあたりで声のピントを合わせると，細く鋭いモスキート音のような声になります。自分の声ではなく，周りの人の声を聴くようにしましょう。歌っているときに自分の声を聴くことに集中してはいけません。

②ボイトレのメソッドを統一する

ボイトレのメソッドを統一することで，声の硬さや響きを改善することができます。

例えば，「共鳴」について，ある人は，眉間に声をフォーカスしている。ある人は，前歯に声を響かせようとしている。またある人は頭頂部に，さらにある人は鼻腔に響かせようとしている。というような状態では当然パート内で声質は揃うはずもありません。

③基礎的な音取りの練習に立ち返る

結局のところ，基礎的な部分，すなわち音が取れていないのが原因で，発声フォームが崩れている人，響きがぶら下がったりする人は，基礎的な音取りの練習まで立ち返った方が，結果的に音がうまく取れるようになったり，響きが改善したりします。根気強く反復してあげましょう。

Q.125
パート内の音色を揃えるには
どういうことに気をつければいい？

A 意外に感じるかもしれませんが，実はパート内の音色を完全に揃える必要はありません。パートのメンバー一人ひとりのそれぞれのベストの発声で歌えば，自ずと揃ってきます。そのうえで，自分の声だけを聴いて歌わないように，必ず，同じパートの他の人の声や，他パートの音を聴きながら歌うようにしてください。

　例えば，よく歌える生徒とそれ以外のメンバーの音色が揃わないとき，よく歌える生徒の音色を，それ以外のメンバーの音色に合わせようとしてしまいがちですが，大体うまくいきません。このような合わせ方を「引き算の合わせ方」と呼ぶことにしましょう。

　それに対して，よく歌える生徒とそれ以外のメンバーの音色が揃わないとき，よく歌える生徒の音色を手本として生かしながら，それ以外のメンバーの音色を向上させていくことで相乗効果を狙うべきです。このような合わせ方を「かけ算の合わせ方」と呼ぶことにしましょう。一般的に気をつけなければいけないのは，各人の「ベストではない発声」から生じる音色，発語・発音とリズム，音高の不揃い，そして，個々人の音量です。

　どんなに上手な人が集まって歌っても，各々が自分の声だけを聴いて歌っていては，パート内の音色はまぐれで揃うことがあっても，能動的には揃いません。パート内でユニゾンを成立させるためには，自分の声だけを聴いて歌わないようにしなければなりません。必ず，同じパートの他の人の声や，他パートの音を聴きながら歌うようにしてください。

Q.126

声がまっすぐすぎて
混ざりにくい声が直らない原因は何？

A いくつかの要因が考えられます。まず，呼吸および声帯に関する要因です。猫背が原因で，声門で息をこらえすぎているのです。そこで，胸骨の位置を比較的に高く保つように指示します。

　次に，共鳴です。唇を横に引いている，結果として顎の位置が高いのです。そこで，上下の奥歯を少し離す，顎関節をゆるめて耳たぶの前にくぼみをつくるように指示します。

　そして，鼻腔共鳴を意識しすぎているときは，鼻だけに響かせすぎないように，咽頭腔（首の中）の共鳴も意識するように指示します。

①呼吸および声帯に関する要因

　姿勢が悪いと硬い声になります。猫背だと喉仏が上がって苦しそうな音色になります。また，猫背だと胸骨が下がり，胸部が圧迫され，横隔膜も上がりやすくなります。姿勢を改善して，胸骨の位置を高くすると横隔膜が下がりやすくなり声門下圧の高まりすぎをコントロールできるようになります。

②共鳴

　顎の位置が高い＝あまり口を開けずに高い声を出すと，本人はカンカン自分の声が頭蓋骨に鳴り響いて，よく声が出ているような感覚になりますが，実際本人以外には金切り声で叫んでいるように聴こえてしまいます。

③鼻腔共鳴を意識しすぎている

　鼻だけに響かせすぎないように，咽頭腔（首の中）の共鳴も意識させましょう。胸を張って顎を引くと咽頭腔のサイズが調整されて声に深みが加わります。

ユニゾン

Q.127
声が明るすぎて目立つ生徒の
発声指導をするときのコツとは？

A 明るすぎて目立つ声が出ている原因を見つけて，それを改善しましょう。大きく分けると「鼻声」タイプと，「喉声」タイプの「明るすぎて目立つ声」があり，それぞれ対処法があります。

①「鼻声」タイプの明るすぎる声

鼻声は鼻にかかった声とも言いますが，これには，2種類あります。

・鼻づまりの声（閉鼻声・へいびせい）

・鼻に抜ける声（開鼻声・かいびせい）

の2つです。「明るすぎて目立つ声」は，鼻づまりの声，すなわち閉鼻声の方です。閉鼻声は，鼻づまり，つまり鼻には息が抜けていないので，「軟口蓋が閉じている」という点では，適切な発声の要件を満たしていますが，喉が閉まっているため低い周波数帯の音が共鳴せずに明るすぎる音色になっています。

喉が閉まっている原因として，まずチェックする必要があるのが姿勢です。猫背になると，喉頭（喉仏）の位置が高い，上咽頭腔が狭いという状態になり，低い周波数帯の音が共鳴せずに明るすぎる音色になってしまいます。

②「喉声」タイプの明るすぎる声

口を横に引いて歌うと，クラシック声楽の美的感覚からすると，喉声・ポップス歌唱的な明るすぎる声になります。口を縦に開ける（横に引かない）ようにすることで，クラシック声楽の美的感覚にマッチした音色になります。「口を縦に開けると滑舌が悪くなる」場合は，鼻に息が抜けているタイプの鼻声，すなわち「開鼻声」になっている可能性があります。頬の表情筋（目の下の筋膜）を持ち上げると軟口蓋が連動して挙上し，鼻に息が抜けにくくなるのでチェックしましょう。

Q.128
一人になると他パートと合わせられない人にどう指導したらいい？

A　もしその人が自分のパートをピアノで弾けない場合は，自分のパートを弾く練習をしてもらうだけで改善する可能性があります。または，合わせるべきパートを歌います。

　アウトプットするためには，インプットをしっかりする必要があります。リズムがちゃんと把握できていないと，パートメンバーが複数いれば他の人に合わせて歌うことができますが（この歌い方は，俗に「コバンザメ唱法」と呼ばれます），一人でもしっかり歌えるようになる必要があります。そこで，次のような練習をしましょう。

①自分のパートをピアノで弾く練習をする

　他パートにつられずに合わせて歌うためには，まず自分のパートをしっかり把握している必要があります。まず，リズムを把握して自分のパートを正しいリズムで，鍵盤楽器で弾く練習をしましょう。ピアノが苦手な人こそ，一念発起して自分が歌うパートは弾けるように練習しましょう。

　自分のパートをピアノで弾くことができないというのは，伸びしろがたくさん残っているということです。騙されたと思ってピアノの練習をしてください！　必ず道がひらけます。

②合わせるべきパートを歌う

　歌ったことがないパートより，歌ったことがあるパートの方が演奏中によく聴くことができます。歌ったことがないパートを聴こうとすると，自分のパートへの意識が疎かになりやすいので，多くの場合，うまく歌うことができなくなるか，他のパートを無視して歌うことになりハモることができなくなります。

Q.129
どうしてもパート内の音が揃わないときの秘策はある？

A 力のある合唱指導者のレッスンを見学していると「ピッチを合わせて」という言葉を使わずに，あの手この手で声かけしながら歌わせていく中で，自然にピッチが改善していく，というシーンに出会うことがよくあります。そんなとき，周りから見ると「どんな魔法を使っているんだろう？」と感じると思います。この魔法には，実はタネや仕掛けがあります。

例えば，歌い手が萎縮しているとパート内の音がなかなか揃いません。そんなときは，

「一人ひとりが自分の感性で歌うように」

と指示してみてください。「私はここはこんなふうに歌いたい」「おお，隣の人はこんなふうに歌いたいのか」というように，歌でコミュニケーションしながら歌うように指示してください。

次に，

「お互いの声が響き合い，相乗効果でより豊かな響きを生み出すくらいの意識で歌ってみてください」

と声かけしてみてください。すると，バラバラになるかと思いきや，むしろ歌声やフレージングが豊かになり始め，結果としてピッチやイントネーションも改善されることが多いです。

なぜこんなことが起こるのでしょうか。

種明かしをすると，実際のところ支えのない声で表面的にピッチだけを合わせようとしてもなかなか合いません。支えのある声で，周りの音の響きや音質，ニュアンスなどを耳でよく聴きながら歌えば，自然とピッチも意識されるようになり，結果としてピッチが合ってきます。

Q.130
「音程は合っているけど，何か低い」原因は？

A 日本の多くの教育現場において「音程」という言葉が「音高（ピッチ）」と「音色（トーン）」「音律（イントネーション）」の概念を区別せずに使われています。次の3つで改善していくことができます。

①ピッチの問題（音高そもそもがちょっと低い）
→姿勢・支えを調整
音高は声帯の振動数によって決まります。声帯の振動数は呼気と関係しています。呼気は姿勢と支え（歌うのに必要な筋肉の緊張）を調整することによって適切にコントロールすることができます。

②トーンの問題で低く聴こえる（音色が暗い，平べったい，こもっている）
→声道を調整
声の音色は声道の形状によって決まります。あくびのイメージで響きをつくろうとすると軟口蓋が下がり，鼻に息が抜けてしまい，常にぶら下がって聴こえる音色になってしまいます。あくびのイメージよりあくびをこらえるイメージで声を出した方がぶら下がって聴こえる音色になりづらいです。

③イントネーションの問題（短三和音の第3音なのに低めに歌っている etc.）
→音感を鍛える
イントネーションは，他のパートとの相対的な音の高さの関係なので，少なくとも他の人が歌っている声を聴いていなければハモることができません。歌っているときに自分の声だけを聴いて歌わないようにしましょう。そうしてはじめて音感を鍛えていくことができます。

Q.131

響きを上げることを意識すると
上ずってしまうのをどう直す？

A 「音の3要素」は音色 tone，音高 pitch，音量 volume です。それぞれの要素についてどのようにコントロールすればよいかを学びましょう。

　この質問では，響きが下がるから上げるよう①音色 tone について指摘を受けて意識したところ，誤って②音高 pitch に影響が出てしまったということです。

　声の響き（音色 tone）は，声道（声帯から唇の先までの共鳴管）の形状によって決まります。声道は口腔および咽頭腔（鼻音性子音や鼻母音を発語している場合のみ鼻腔も含む）から成ります。

　声道の中で調節可能な6つのパーツを点検しましょう。「響きが下がる」という場合は，

①唇：唇をすぼめすぎている
②顎：顎を落としすぎている
③舌：舌が奥まっている
④軟口蓋：軟口蓋が下がっている（軟口蓋が開いている）
⑤表情筋：表情筋（目の下の筋膜）が下がっている
⑥喉頭の位置：喉頭（喉仏）を下げすぎている

という原因が考えられます。

　したがって，「響きを上げよう」としたら，「音が上ずってしまった」ということは，「響きが下がるから上げて」と①音色 tone について指摘を受けたにもかかわらず，誤って②音高 pitch に対してアプローチを行ってしまった，つまり，誤った対症療法を行ってしまったことになります。

Q.132
伸ばしていると音が下がってきてしまうのは
支えが足りないから？

A 「支え」を，歌うのに必要な筋肉の緊張であると定義するとき，ピッチが下がってくるという状態は，ピッチを下げないために必要な筋肉の緊張が足りないと考えられます。

結論から言うと，音高が下がってくる一番の原因は，胸骨が下がってくることです。騙されたと思って「胸骨を高く保つ」，これをまずやってみてください。

「ピッチを下げないためには，胸骨を下げない」ことが最重要ポイントです。ピッチが下がっているのに気がつかなくても，胸骨が下がったらピッチは十中八九下がっていることは忘れないでください。胸骨が下がりそうになったらカンニング・ブレスをしましょう。

耳で聴いて音が下がっていることに気がついても，何をしたら下がらなくなるかがわからなかったり，知らなかったりすればピッチを改善することはできません。耳で聴いても音が下がっていることに気がつかないのなら，なおさらです。

一方で，耳で聴いて音が下がっていることに気がつかなくても，胸骨が下がって，胸部が圧迫されて苦しくなっているのは，おそらく誰でも気がつきます。胸骨が下がって，胸部が圧迫されて苦しくなっている，それに気づいているにもかかわらず歌い続けているという状態では，ピッチは十中八九下がっています。

Q.133
実声でいいピッチで歌うコツはある？

A　ファルセットに対して実声は声門閉鎖（息をせき止める力）が強いので，胸骨を高く保ったうえで，支えの練習（ラ・ロッタ・ヴォカーレ，鼻をかむときのような，首から下の筋肉の緊張を感じる練習）をオススメします。また，口の開け具合も調整してみてください。

　ファルセットにすると，高い音を正確なピッチで出せることが多いですが，実声ではそれが難しいことがあります。それを解消するためには，適切な発声技術を身につける必要があります。適切な発声技術を身につけることで，実声でも正確な音を出すことができるようになります。

　ファルセットでは，実声と比べて，声帯の近接，伸長，そして厚みのコントロールが，はるかに少ない労力で達成できます。ファルセットは実声と比較して，メリスマやメッサ・ディ・ヴォーチェを行いやすいのは，男性であればおそらく誰でも実感があると思います。これは，ファルセットは，実声での歌唱時に必要となるような喉頭内の筋肉の働きを必要としないためです。

　一方で，ファルセットに対して実声は声門閉鎖（息をせき止める力）が強いので，胸骨を高く保ったうえで，支えの練習（ラ・ロッタ・ヴォカーレ，鼻をかむときのような，首から下の筋肉の緊張を感じる練習）をオススメします。

　また，口の開け具合も調整してみてください。実声で歌うときは，ファルセットで同じ音高を歌うときより，さらに顎を落として頬の筋肉（目の下の表情筋）を持ち上げる必要があります。

Q.134
どんどん音が上ずってしまう
女声にどう指摘する？

A 音が上ずってしまう原因は様々ですが，次の３つのような可能性があります。

①鼻腔や骨など，自分の体の中で響いている声を聴きながら歌っている

「自分以外の人の声を聴きましょう」

「他の人とアンサンブルしましょう」

「身体の中ではなく空間の響きを聴きましょう」

などと言葉がけすると改善することが多いです。

②上ずっているのを，声がよく響いていると誤解（錯覚）している

録音をして聴いてもらうのが解決への第一歩です。

他の人が歌っているときに，ピッチが上ずっていることに気がつくことができる人なら，録音を聴いて自分のピッチが上ずっていることにも気がつくことができます。

③支え（歌うのに必要な筋肉の緊張）が不足してピッチが下がりそうになっているのを，喉や首から上の筋肉を力ませてつじつまを合わせようとしている

「喉だけでピッチを支えている」

「首から上だけでピッチを支えている」

といった不安定な状態にならないようにアッポッジョを確認しましょう。

Q.135
ピッチが悪い場合のパターンとは？

Ａ　ピッチが悪い場合には「あらかじめピッチを思い浮かべていなかった」「あらかじめピッチを思い浮かべていたが，そのピッチを歌うことができなかった」「あらかじめ思い浮かべていたピッチを確かに歌ったが，ピッチが低いと指摘され，指摘された音について，『確かにピッチが低かったな』と合唱団員本人が理解できる」「あらかじめ思い浮かべていたピッチを確かに歌ったが，ピッチが低いと指摘され，指摘された音について，『確かにピッチが低かった』と合唱団員本人が理解できない」というパターンがあります。

　実は，ピッチがよい場合にも以下のパターンがあります。

①あらかじめ適切なピッチを思い浮かべていて，そのピッチを歌うことができた

　これが「唯一の好ましい状態」です。そして，次に紹介するパターンが，最も警戒すべきパターンです。

②あらかじめピッチを思い浮かべていなかったが，ピッチについて問題を起こさなかった

　これは一見大丈夫そうに見えますし，実際，本番中であれば成立してしまいます。

　しかし，合唱練習中は実は問題がある状態です。本番でミスをするところは，意外にも，練習で外していなかった音や，音が取れたつもりになっていた音であることが多いのです。

Q.136
どうしてもピッチが改善しない場合は
どうすればいい？

A ピッチが合っていない人に「あらかじめ思い浮かべていたピッチを確かに歌った」と言われてしまう場合。そこは嘘をついているんじゃないかと思うのではなく，性善説でいくしかないような気がしますが，性善説で考えるなら，本人の認識とピッチにずれがあるというのは，十分あり得るパターンです。対策としては，ざっくばらんに話をして，それでも改善が見られなければ最終手段としては以下のいくつかの方法を取る必要があるでしょう。

①その箇所だけ口パクしてもらう

　ピッチに対して，ありとあらゆる対策を講じても改善が見られない場合の最終手段が「口パク」です。これはあくまでも最終手段であることを忘れてはいけません。

②その箇所だけ隣のパートを歌ってもらう

　これは口パクよりはよほど良心的です。適所適材で曲の中でフレーズや音単位のパート移動をしてもらうと，問題となっていたパートのピッチの問題は解決します。

③その箇所でカンニング・ブレスしてもらう

　これも口パクよりは良心的です。一方で，周りのメンバーはその箇所でカンニング・ブレスできないということをパートで共有するのを忘れないようにしましょう。

④その箇所は極力弱く歌ってもらう

　これも口パクよりは良心的です。この場合も一方で，周りのメンバーはその箇所はやや強く演奏する必要があることをパートで共有するのを忘れないようにしましょう。

Q.137
合唱練習において，
ピッチについて指導を行うときのコツとは？

A ピッチについての指導が必要な合唱団員の歌唱および認識の状況には いくつかのチェックポイントがあります。以下にそれぞれのチェック ポイントにおいて場合分けして指導のコツを記述します。

　ここでは仮に「ピッチが低い場合について」を取り上げますが，ピッチが 高い場合についても原則は同じです。

①あらかじめピッチを思い浮かべていたか否か

　あらかじめピッチを思い浮かべていなかった場合は，まず，歌う前に，あ らかじめピッチを思い浮かべるように指導する必要があります。「信じられ ない！」かもしれませんが，合唱指導をしていると一定数あらかじめピッチ を思い浮かべずに歌う人に出会います。

　あらかじめピッチを思い浮かべていたが，外してしまったという場合は， 野球のピッチングにたとえれば，どのコースに投げるか，あらかじめ決めて 投げたが，コースから外れてしまった状態です。この場合はコントロールの 問題です。

　「あらかじめピッチを思い浮かべていたが外してしまった」という場合に ついて，さらに次のチェックポイントがあります。

②あらかじめ思い浮かべていたピッチを確かに歌えたか否か

　あらかじめ思い浮かべていたピッチを歌うことができなかったという場合 は，発声面のアドバイスを行います。

　あらかじめ思い浮かべていたピッチを確かに歌ったが，ピッチが低いと指 摘されたという場合については，またさらに次のチェックポイントがありま す（次の項目に続く）。

Q.138
それでもピッチが低いと指摘された場合，
何をチェックする？

A　あらかじめ思い浮かべていたピッチを確かに歌ったが，ピッチが低いと指摘されたという場合については，以下のチェックを行います。

　まず，指摘された音について，「確かにピッチが低かったな」と合唱団員本人が理解できるか否かをチェックします。

　あらかじめ思い浮かべていたピッチを確かに歌ったが，ピッチが低いと指摘され，指摘された音について，「確かにピッチが低かったな」と合唱団員本人が理解できるパターンでは，あらかじめ思い浮かべるピッチを，新たに指摘されたピッチに「更新（新たに置き換える）」をするようにアドバイスします。

　次に，指摘された音について，「確かにピッチが低い」と合唱団員本人が理解できないパターン。言い換えれば「音感そのものがズレている」ということです。したがって，ピッチが低いと指摘された音に合唱団員本人も気づいているパターンとは異なり，あらかじめ思い浮かべていたピッチよりわざと高く歌わせたり，高くなりすぎたら低く調整をしたりするなどの内的聴感のチューニングを行う必要があります。

Q.139

音は取れているのに，ピッチがしっくりこないのをどう改善する？

A　純正調（じゅんせいちょう）を意識したイントネーションへのアプローチをオススメします。音律（イントネーション）が悪いと，間が抜けたような，情感がこもっていないような歌になります。音は取れているし，声の音色も悪くないのにそのような歌になるときは，音律が悪くないかチェックしてみてください。

　純正調とは，平均律とは異なり，音階中の諸音が主音に対して簡単な整数比をなし，音の協和をよくするように計られた音律である「純正律（じゅんせいりつ）」によって導き出された諸音をオクターブ内に並べたものを指します。具体的には，ピアノ（平均律）に対して，

・高めに歌うべき音

・同じ高さで歌う音

・低めに歌うべき音

があるので，それらを確認して音階上に並べます。

　例えば，ハ長調の場合，純正調では，それぞれピアノ（平均律）に対して，

ド　　は同じ高さで歌う

レ　　は高め（＋４セント）に歌うべき

ミ　　は低め（－14セント）に歌うべき

ファ　は低め（－２セント）に歌うべき（注）

ソ　　は高め（＋２セント）に歌うべき

ラ　　は低め（－16セント）に歌うべき

シ　　は低め（－12セント）に歌うべき

（注）ただし「レファラの和音」の場合は，ファは高め（＋20セント）に歌うべき

Q.140
純正調のイントネーションは，
ア・カペラ作品でのみ有効？

A 純正調のイントネーションについて学ぶと，一つ疑問が浮かぶかと思います。それは，「ピアノつきの曲を演奏するときはどうするのか」という問題です。ピアノつきの曲は，「平均律で歌う」「純正調で歌う」「部分的に純正調を取り入れる」という選択肢があります。皆さんならどれを選びますか。筆者のオススメは，「部分的に純正調を取り入れる」です。ここで例を挙げてみましょう。

以下は，イ短調の純正調のイントネーションです。イ短調の場合，純正調では，それぞれピアノ（平均律）に対して，

ラ　　は同じ高さで歌う

シ　　は高め（＋4セント）に歌うべき

ド　　は高め（＋16セント）に歌うべき

レ　　は低め（－2セント）に歌うべき

ミ　　は高め（＋2セント）に歌うべき

ファ　は高め（＋14セント）に歌うべき

ソ　　は高め（＋18セント）に歌うべき

ピアノつきの作品をこのイントネーションで演奏すると，ピアノのピッチより高めか低めにずれることになります。筆者がピアノつきの作品を演奏するときは，「高めに歌うべき」音のみを純正調で歌い，低めに歌うべき音はあくまで「ピアノのピッチより上ずらないようにする」つまりピアノのピッチに合わせて演奏するようにしています。

Q.141
「あらかじめ思い浮かべていたピッチ」を
歌ったか検証できる？①

A 「あらかじめ思い浮かべていたピッチを確かに歌ったが〜」と言ったところで，本当にその人が「あらかじめ思い浮かべていたピッチを確かに歌った」かということは検証できません。しかし，実際はそこはたいした問題にはなりません（もちろん，「その人がウソをついている」という場合は除きます）。

まず，Q.138で，あらかじめ思い浮かべていたピッチを確かに歌ったが，ピッチが低いと指摘され，指摘された音について，「確かにピッチが低い」と合唱団員本人が理解できないパターンにおいては，あらかじめ思い浮かべていたピッチよりわざと高く歌わせたり，高くなりすぎたら低く調整をしたりするなどの内的聴感のチューニングを行うと説明しました。

このとき，「あらかじめ思い浮かべていたピッチを確かに歌ったが〜」と言ったが，もし，本当はその人が「あらかじめ思い浮かべていたピッチを確かに歌った」のではなかったとしてもやることは同じ＝あらかじめ思い浮かべていたピッチよりわざと高く歌わせたり，高くなりすぎたら低く調整をしたりするなどの内的聴感のチューニングを行えばよいのです（Q.142に続く）。

Q.142
「あらかじめ思い浮かべていたピッチ」を
歌ったか検証できる？②

A あらかじめ思い浮かべていたピッチを確かに歌ったが，ピッチが低い
と指摘され，指摘された音について，「確かにピッチが低かったな」
と合唱団員本人が理解できるパターンでは，あらかじめ思い浮かべるピッチ
を，新たに指摘されたピッチに「更新（新たに置き換える）」をするように
アドバイスするのですが，そのようにアドバイスしてもうまくいかないシチ
ュエーションが考えられます。

　この場合，うまくいかない理由が「あらかじめ思い浮かべていたピッチを
確かに歌った」と本人が言ったが，実際には，故意ではなく無意識に「あら
かじめ思い浮かべていたピッチを確かに歌っていない」からであると考える
ことができます。
　この場合もやはり「音感そのものがズレている」ということなので，あら
かじめ思い浮かべていたピッチよりわざと高く歌わせたり，高くなりすぎた
ら低く調整をしたりするなどの内的聴感のチューニングを行うやり方に切り
替えればよいのです。

ピッチ

Q.143
発声技術とピッチの関係とは？

A 適切なピッチで歌うためには，十全な発声技術をもち，かつ歌う前に適切なピッチを思い浮かべることができる必要があります。そのうえで演奏中に鳴っている音をリアルタイムで聴きながらイントネーション（他パートとのピッチの関係）を調整し続ける必要があります。

①適切なピッチで歌うための十全な呼吸法

十全な呼吸法に求められる要素は，歌唱するピッチに対して過不足ない呼気圧をムラなく安定して供給できることです。様々な呼吸法の中でこの条件をクリアできるのが「アッポッジョ」です。

②適切なピッチで歌うための十全な喉頭の機能

十全な喉頭の機能に求められる要素は，歌唱するピッチに対して適切な伸展を行えることに加えて，呼気圧に対して適切な声門閉鎖を行えることです。不用意に声門閉鎖をゆるめていると，喉頭は十全に機能してくれません。

③適切なピッチで歌うための十全な共鳴法

十全な共鳴法に求められる要素は，歌唱するピッチに対して適切な声道の構えをとることができることです。誤った声道配置により偏ったプレースメントを感じているとピッチが不安定になる原因になります。

Q.144
ハモりづらい箇所の
ハモりを改善するコツとは？

A 分離唱（ぶんりしょう）というメソッドをオススメします。分離唱は文字通り，和音を分散和音にしてユニゾンで歌い，イントネーションを整えたうえで，和音を組み立てる練習法です。

ハモりづらい箇所の練習法は，以下の通りです。

①ハモりづらい箇所の和音を分析する

まず，ハモりづらい箇所の和音を分析します。和音の種類（長三和音／短三和音／増三和音／減三和音）を判別して，和声音と非和声音を分類します。

（例）

・「ドミソシ」で構成される和音

　和音の種類→ドミソの長三和音

　和声音→ドミソ

　非和声音→シ

・「レミファラ」で構成される和音

　和音の種類→レファラの短三和音

　和声音→レファラ

　非和声音→ミ

②和音を分析したら，根音，第5音，第3音の順に鳴らしていく

非和声音は和声音と2度の関係にあります。ピアノで和声音だけ弾いて示して，全員で非和声音に隣接する和声音を歌った後，2度動いて非和声音を歌う練習をします。

③非和声音を加えていく

Q.145
音楽科の教員ではない人が
合唱を指揮する際のコツとは？

A まずは全部のパートを歌えるようにしましょう。歌えなくても少なくともリズム読みはできるようにしましょう。ピアノ伴奏がある曲の場合はピアノ伴奏を「口三味線」できるようにしてください。

「指揮を勉強する」というと，腕の動かし方，例えば，三拍子や四拍子をどう指揮するかを知りたくなると思いますが，指揮をする曲についてよく把握していない状態で腕を動かす練習をしてもあまり意味がありません。

実際に合唱指導をするときに，歌うことができるのと歌うことができないのとでは，説得力も，わかりやすさも変わってきます。歌えなくても少なくともリズム読み（音高は外して，リズムだけ読むことを指します）はできるようにしましょう。

歌のパートを把握して，ピアノパートを口三味線できるようになったら，実際に拍子を指揮しながらピアノパートを口三味線したり，歌のパートを歌ったり，リズム読みしたりしてみてください。パートが入り組んでいる部分はそれぞれのパートの歌いだしの部分をつないで読んでいったり，その中で特徴的な動きをする場所を意識して読んでいったりしてください。

パートの歌いだしの部分では，そのパートを一緒に歌いだすつもりで，ブレス（息つぎ）をしたり，目の前に合唱団がいることを頭に思い浮かべてアイコンタクトをしたりしてください。このような練習をしていくと，実際に指揮するときもスムーズに指揮をすることができます。

Q.146
指揮者がよい身振り手振りをしても
うまくいかない場合とは？

A 指揮者のよい身振り手振りは合唱団を自由に歌わせることができますが，悪い身振り手振りは合唱団を自由に歌わせることができません。とは言うものの，例えば，合唱団が十分に譜読みをしていないと，たとえ指揮者がどんなによい身振り手振りをしても，合唱団は自由に歌うことはできません。

　合唱練習において，譜読みが不十分なのであれば，まず譜読みを進めなければいけません。指揮者がよい身振り手振りをしたら，不十分だった譜読みがたちどころに完全な状態になる，などということは起こりません。譜読みが不十分だと，そもそも指揮を見る余裕がありません。

　思考実験として，極端な例を考えてみましょう。

　素人指揮者が指揮するプロの合唱団と，プロ合唱指揮者が指揮する中学生のクラス合唱では，どんなにプロ合唱指揮者が素晴らしい身振り手振りをしても，（ひょっとしたら，プロ合唱指揮者が指揮する中学生のクラス合唱は「素朴で心を打つ，感動的な演奏」はするかもしれませんが）素人指揮者が指揮するプロの合唱団の方が，技術的にはよい演奏をする可能性が高いと考えられます。

　したがって，指揮者がどんなによい身振り手振りをしても，基礎的な部分が訓練されていない限りは，技術的には限度があり，うまくいかない場合があるということが言えるでしょう。

Q.147

指揮者の身振り手振りは
どのくらい歌い手の発声に影響する？

A　初心者と上級者で程度の差はありますが，視界に入っている以上，ボディランゲージで体を動かすことで感情・意思が伝わるように，指揮者の身振り手振りはある程度は歌い手の発声に影響すると考えられます。

　指揮者の身振り手振りが歌い手の発声に影響を与える度合いは，初心者と上級者で程度の差があると考えられます。

　初心者はよくも悪くも無意識のうちに影響を受けると考えられます。初心者は指揮者の身振り手振りによって，鼓舞されたり，知らず知らずのうちに通常よりもよい発声フォームで歌ったりする反面，指揮者の身振り手振りがまずいと，ダイレクトに影響を受けて発声フォームが乱れ，最悪の場合，歌唱が破綻する可能性すらあります。

　上級者は，指揮者の身振り手振りが自分にとって有益な情報を提供していると感じる場合にはそれを踏まえて歌うことができると考えられますが，一方で指揮者の身振り手振りが自分にとって不要な情報を提供している，自分にとって邪魔な動きをしていると感じる場合には意識的にシャットアウトするでしょう。

　別の言い方をすれば，上級者は「指揮の見方」のようなものをわかっている，一方で初心者は「指揮の見方」がわかっていないため，無意識に指揮の影響を受けていると言えるでしょう。指揮者の身振り手振りが，歌い手の発声に影響する場合とはどのようなものであるかは，個別に検討する価値がありそうです。Q.148～150では，指揮者の身振り手振りが，歌い手の発声に影響する場合を発声器官の3要素（呼吸，共鳴，喉頭の機能）の観点から検討していますので，併せて参考にしてみてください。

Q.148
指揮者の身振り手振りは
どのように歌い手の呼吸に影響する？

A 次の2点について以下のようなことが言えます。

①指揮と歌い手の吸気

　指揮者の身振り手振りが，歌い手の吸気に影響を与える可能性があるのはアインザッツです。歌いだしの入りの合図をするときに指揮者がどのような身振り手振りをするかによって，歌い手の吸気が変わる可能性があります。歌い手にとってどのような吸気を行うかは，直接歌い手の発声に影響しますので，指揮者の身振り手振りが，歌い手の発声に影響すると考えられます。

　一般的に，指揮者はアインザッツを指揮する際，歌い手と一緒に吸気をするように意識します。アインザッツで指揮者がどのような息の吸い方をするかが，歌い手の発声に影響すると考えられます。したがって，アインザッツの際に指揮者は，「胸式呼吸」や「鎖骨呼吸」などの合唱において避けられるべきとされている呼吸法で吸気を行うべきではない，ということが言えるでしょう。

②指揮と歌い手の呼気（歌唱）

　歌い手は吸気を行うと，次の局面である呼気（歌唱）に移行します。指揮者の身振り手振りは，アインザッツの後，歌い手が呼気をしているあいだ（つまり歌唱中），基本的には右手で拍子の図形を指揮し，左手で強弱や音のニュアンスを伝える手振りをします。

　指揮者が右手で描く拍子の図形，および左手で示す強弱や音のニュアンスは，そもそも演奏者に指揮者が意図している音楽的情報を伝達するための身振り手振りですが，より直接的に歌い手の呼気（歌唱）に影響を与えている可能性があります。

Q.149

指揮者の身振り手振りは
どのように歌い手の声の共鳴に影響する？

A 声道の形状は歌い手の声の共鳴に大きく影響します。声道の中で調節可能な部位は次の6パーツです。したがって，指揮者の身振り手振りが下記6パーツに影響する場合を検討することで，それが歌い手の声の共鳴に対して具体的にどのように影響する可能性があるかを検討できます。

①唇

歌い手に指揮者の唇の動きに注意を向けさせれば，指揮者が唇を動かすことで歌い手に影響を与えることができます。

②顎

歌い手に指揮者の顎の動きに注意を向けさせれば，指揮者が顎を動かすことで歌い手に影響を与えることができます。

③舌　④軟口蓋

舌の位置や軟口蓋の位置は外側からは見えないため，指揮者の舌の位置や軟口蓋の位置を目で見て直接真似することはできません。したがって，指揮者が身振り手振りで歌い手の舌の位置や軟口蓋の位置に影響を与えようとする場合は，リハーサルの段階で歌い手と「この手の動きをしたら舌を高くしてください」「この手の動きをしたら軟口蓋を上げてください」というように何かしらのコンセンサスを得る必要があるでしょう。

⑤表情筋（目の下の筋膜）

歌い手に指揮者の表情筋の動きに注意を向けさせれば，指揮者が表情筋を動かすことで歌い手に影響を与えることができます。

⑥喉頭の位置

喉頭の位置は姿勢と関係します。歌い手に指揮者の姿勢に注意を向けさせれば，指揮者が姿勢を調整することで歌い手に影響を与えることができます。

Q.150
指揮者の身振り手振りは
どのように歌い手の喉頭の機能に影響する？

A 喉頭の中で何が起きているかは外側からは見えないため，指揮者の喉頭の機能を目で見て直接真似することはできません。したがって，指揮者が身振り手振りで歌い手の喉頭の機能に影響を与えようとする場合は，何かしらの身振り手振りをあらかじめ決めておき，何かしらのコンセンサスを得る必要があるでしょう。

①喉頭の位置と喉頭の機能

喉頭の位置が不安定だと喉頭は自由に機能することができません。喉頭の位置は姿勢と関係しますので，歌い手に指揮者の姿勢に注意を向けさせれば，指揮者が姿勢を調整することで歌い手の喉頭の機能にも影響を与えることができるでしょう。

胸を高く，顎を引き，首の前より首の後ろが長くなるように立つことで，喉頭の位置を比較的低くすると，喉頭より上の共鳴域を自由に機能させることができます（うなじのアッポッジョ）。

②頬の表情筋（目の下の筋膜）と喉頭の機能

頬の表情筋（目の下の筋膜）を下げて目を見開くようにすると，軟口蓋が下がり，鼻腔への通路が開くことで，声道の形状が変化して，その影響で声門閉鎖がゆるみ，柔らかい響きになります（アンチ・フォルマント）。

反対に，頬の表情筋（目の下の筋膜）を上げると，軟口蓋が挙上し，鼻腔への通路が閉じることで，声道の形状が変化して，その影響で声門閉鎖がゆるみにくくなり，はっきりした響きになります。したがって，歌い手に指揮者の表情筋の動きに注意を向けさせれば，指揮者が表情筋を動かすことで歌い手の喉頭の機能に影響を与えることができるでしょう。

Q.151
「息を指揮する」「フレーズを指揮する」で ズレないようにするには？

合唱団は，演奏上の不安があるとテンポが崩れやすくなります。練習を通して演奏上の不安を取り除き，「叩き」の指揮でしっかりテンポを明示しなくても，テンポが崩れたり縦がズレたりしないように合唱団をしっかりトレーニングしましょう。

熟達した歌い手で構成されている合唱団であればアインザッツを明示しなくても入るべき箇所で歌い始めることができますし，拍を明示しなくてもテンポが崩れたり縦がズレたりしないものです。この場合，指揮者はむしろより大きな意味での音楽やフレーズを指揮することができますし，むしろする必要があると言えます。

もし，すでに十分な練習をしているにもかかわらず，指揮でしっかりテンポを明示しないとズレてしまわないか不安だという場合は，「息を指揮する」「フレーズを指揮する」ために，「叩き」以外の指揮法の技術，「しゃくい」や「平均運動」などを使ってもテンポが崩れたり縦がズレたりしないように合唱団に指揮の見方を教えて慣れてもらう必要があるでしょう。

なお，「息を指揮する」「フレーズを指揮する」という場合，指揮法の技術としては，「しゃくい」や「平均運動」の他に「四分打法」という技術が考えられます。「四分打法」では腕を前方に射出するように伸ばし，再び腕を引くという動きの中に1拍を4分割したビートを「タカタカ」とはめ込む技術です。

Q.152

オーケストラや吹奏楽を指揮するときに
使う技術をどう使う？①

A 「叩き」「しゃくい」「平均運動」といった用語は，指揮者で音楽教育
　者であった斎藤秀雄がまとめた『改定新版　指揮法教程』（音楽之友
社，2010）という本に書かれていて，「斎藤メソッド」「斎藤指揮法」とも呼
ばれます。合唱の世界でも広く実践されている指揮法です。

　「叩き」の手振りは縦方向の動きですが，合唱の発声において身体を上下
に動かすと発声が崩れるおそれがあります。したがって指揮者が「叩き」の
手振りを行ったときに，合唱団員が身体を上下に動かしていたら，注意喚起
が必要です。以下に，身体を縦に動かすことで発声が崩れることになる場合
を，いくつか挙げてみましょう。

①首を縦に振る

　首を縦に振ってしまうと，「うなじの支え（うなじのアッポッジョ）」がキャ
ンセルになり，喉頭の位置が動いて喉頭内の機能が十全に働かなくなった
り，共鳴スペース（声道）の形状に悪影響を与えたりしてしまいます。

②胸骨を上下させる

　胸骨を上下させてしまうと，胸式呼吸になってしまい，呼気圧をうまくコ
ントロールできなくなりますので合唱の呼吸法としては好ましくありません。

　上記の理由から，指揮者は，指揮者が「叩き」の手振りを行っても歌い手
は①②の２つを行ってはいけないことを事前に伝えるか，「四分打法」のよ
うに前方への「叩き」を行い，歌い手が①②の２つを行わないような身振り
をする必要があります。

Q.153

オーケストラや吹奏楽を指揮するときに使う技術をどう使う？②

A　前の項目では「叩き」と合唱の発声について検討しました。ここでは，「叩き」と同じ右手の動きから，「しゃくい」が歌い手の呼気，そして歌唱に影響を与え得る可能性を検討していきましょう。

　「しゃくい」の手振りは「叩き」と同様に縦方向の動きですが，「叩き」と比べると指揮の軌道と加減速がゆるやかです。前項で述べたように合唱の発声において身体を上下に動かすと発声が崩れるおそれがありますが，「しゃくい」でも「叩き」ほどでなくても手振りを行ったときに，合唱団員が身体を上下に動かしていたら，注意喚起が必要です。

　指揮法における「しゃくい」の使用法として，「平均運動」の中に「しゃくい」の動きを入れると，アクセントを示すことができます。「平均運動」より「しゃくい」の方が，身体を縦に動かしたくなる身振りですが，歌い手がそのまま身体を縦に動かしてしまうと，前述のように，①首を縦に振る，②胸骨を上下させる，の2つを行うことになり，発声が崩れてしまいます。

　むしろ，身体を縦に動かしたくなる身振りに対して，これに逆らって身体を縦に「動かすまい」とする力が歌い手の身体にかかります。結果として歌い手の身体に指揮者がアクセスすることになり，アクセントがかかります。アクセントのニュアンスは，「しゃくい」の動きを調整することで変化します。

Q.154
オーケストラや吹奏楽を指揮するときに使う技術をどう使う？③

A 前の項目までに「叩き」「しゃくい」と合唱の発声について検討しました。ここでは，「叩き」「しゃくい」と同じ右手の動きから，「平均運動」が歌い手の呼気，そして，歌唱に影響を与え得る可能性を検討していきましょう。

「平均運動」の手振りは「叩き」「しゃくい」と比べると縦方向の動きは最小限に抑えられ，指揮の軌道はゆるやかであり，加減速が感じられません。前述のように，合唱の発声において身体を上下に動かすと発声が崩れるおそれがありますが，「平均運動」では「叩き」や「しゃくい」のような合唱団員が身体を上下に動かしたくなるような要素がカットされています。このことが，「平均運動」によって引き出される合唱団のサウンドを特徴づけています。「平均運動」では身体を縦に動かしたくなる身振りを極力避けることで，この一連の反応が合唱団から生じないようにしています（とは言え，指揮者の身振りとは無関係に合唱団員が身体を上下に動かしていたら，注意喚起が必要です）。

このように，歌い手の身体にかかることになるエネルギーをコントロールすることによって，指揮者は歌い手の身体にアクセスすることになります。

Q.155
合唱の指揮をするうえで
誤解や勘違いしやすいポイントとは？

A 合唱の指揮をするうえで誤解しやすい，勘違いしやすいポイントとしては以下のようなものがあります。

①テンポを正確に指示する？

　テンポを正確に指示することは，メトロノームに合わせて指揮をすることではありません。アゴーギクは合唱のみならず，演奏において非常に重要な要素です。指揮者は，楽譜から自然なアゴーギクを読み取り，身振り手振りに反映させることが必要です。

②声量のバランスを取る？

　全体の声量のバランスを取ることは，すべてのパートを同じ音量にすることではありません。低音部から高音部までどのようなバランスにしたら和音が美しく鳴り響くかを意識して，音量調整を行うことが必要です。特に声部の配置が離れて音域が広くなると，歌い手たちの声量にバラつきが生じやすくなりますので注意が必要です。

③フレージングに注力する？

　フレージングは，単に音符の区切り方や，音符のつながり方だけの話ではありません。よいフレージングは曲の表情を引き出すことができますが悪いフレージングは曲の表情を台なしにしてしまいます。

　フレージングを，横軸を時間，縦軸を音量と設定した音量の線グラフだと定義したとき，フレーズ全体をどのような音量の線グラフに造形するか，がフレージングの肝です。指揮者は，歌い手たちが指揮者の意図したフレージングを歌えるように言葉，または身振り手振りで指示を与える必要があります。

Q.156
パート内の並び順の
つくり方のコツとは？

A パート内の並び順のつくり方のコツは，どのようなサウンドをつくり出したいか，サウンドのイメージを具体的に思い描くことです。パート内の並び順は，合唱のサウンドに直接影響します。実現したいサウンドに応じて，様々な並び順をつくることができます。

①前から順番に歌えるメンバーを配置する

特に一列目のメンバーの音色がパート全体の音色に特に影響を与えます。したがって，前から順番に歌えるメンバーを配置すると，一番簡単にサウンドを確定することができます。

②後ろから順番に歌えるメンバーを配置する

後ろに歌えるメンバーを配置すると，後ろから歌えるメンバーの声が聴こえるため，まだ慣れていないメンバーの歌唱状況が向上しやすいです。

③前に音色のよいメンバー，後ろに声量のあるメンバーを配置する

特に一列目のメンバーの音色がパート全体の音色に特に影響を与えます。したがって前に音色のよいメンバー，後ろに声量のあるメンバーを配置するとパートのサウンドを確保したうえで後ろのメンバーはボリュームを下げることなく歌うことができます。

④歌えるメンバーと慣れていないメンバーをサンドイッチにする

この配置では，まだ慣れていないメンバーの歌唱状況が向上しやすいです。この並び方はパート内の div.（パート内でパートが分かれること）が多い楽曲を歌うときに特に有効です。

Q.157
女声の声種をどう判定して
パート分けしたらいい？

A 一般的に声楽の声種判定の観点には以下のようなものがあります。

①声の高さとチェンジの位置

まず，チェンジの位置です。女声の場合，ト音記号第3線シの付近にいわゆるヴォイスチェンジがあります。一般的にソプラノはヴォイスチェンジがト音記号第3線シより高い位置にあり，アルトはその三度下にあると言われています。高い声が出るからソプラノとは一概には言えません。

高い声だけが得意なソプラノメンバーは，一点突破，決めどころの高音を決める大切な役割を担当することができます。それとはまた別の話ですが，地声が低い場合，実はアルトの方がいい声が出るという可能性もあります。

裏声が苦手，またはまったく裏声を出すことができないアルトメンバーは，女性テノールとしてテノールパートを手伝うことが可能です。特に中高生の合唱団ではテノールパートが人数不足になりやすいので，女性テノールを起用するのはよい作戦だと思います。

②音色（声の太さ）とキャラクター

例えば，高い声が出るメゾ（声が太い）がいます。特に中学，高校の合唱部では，いかにいわゆる「大人の声」を出すかが問題になります。合唱団にとって，高い声が出るメゾ（声が太い）メンバーは，ソプラノパートの中核となる可能性があります。

Q.158
男声のパート分けについて，
一般的に注意すべきポイントとは？

　　A　パート分けは合唱団のサウンドを決める点において非常に大切です。
　　　　以下に男声パートのパート分けについて，一般的に注意すべきポイントを挙げます。

①キーワードは「適材適所」

　独唱の声種判定とは異なり，合唱におけるパート分けは個々人の問題にとどまらず，合唱団の全体のサウンドに大きい影響を与えます。例えば，一般に独唱ではテノールは華やかな響きが求められますが，混声合唱ではアルトパートと一緒に内声の役割を担当します。

　したがって，声量があり高い声が出る目立つ声の生徒でも，トップテナーに配置すると目立ちすぎてしまうと感じる場合には，セカンドテナーやバリトンに配置する選択肢も考えられます。

②声変わり前の男子

　声変わり前の男子はソプラノやアルトパートを歌うことも可能です。一般に声変わり前に，出しづらい低音を無理に出そうとするのは避けた方がよいでしょう。

　また，混声合唱ではなく女声合唱に男子アルトを加えてコンクールに出ることも可能です。

③声が低くてオクターブ下で歌ってしまう男子

　一般的にこのタイプの生徒は合唱に苦手意識をもっていることが多いですが，彼しか出せない低音が武器になります。

　バスの低音は，トレーニングしたからといって出せるようになるものではありません。彼がいることで，低音を出せる生徒がいないと演奏できない曲を選曲することができます。

Q.159

審査側の目線で，
出演団体に共通して見られる課題はある？

A アンサンブルについて，自分の声の響きに気を取られて他のパートや ピアノパートのピッチを聴いていないと，音が外れやすくなります。また，指揮なしのアンサンブルで手振りの合図を出しすぎないようにしましょう。

　発声については，次の点に気をつけましょう。

・顔面を前に突き出していると，胸骨の位置が下がって首の中の共鳴スペース（咽頭腔）が狭くなり，素人っぽい声になります。

・胸骨の位置が低いと息を吐きすぎてしまい，押しつけた声（喉声）になります。

・口角を横に引いてしまうと，平べったい声になります。

・より高い音や，より強い音を歌うときは，頬の表情筋（目の下の筋膜）を挙上しつつ，顎を下げていく必要があります。

・舌が奥まると鼻に息が抜けて声がこもるので，母音を発声しているときは舌先が下前歯から離れないようにしましょう。

・首を縦に振りながら歌うと喉仏の位置が不安定になるので注意してください。

　ピッチについては，下降音型を歌うときやロングトーンのときに胸骨が下がるとピッチが下がるので気をつけましょう。

　音楽については，フレージングを音量の線グラフととらえて，線グラフが横軸に対して平行にならないように，言葉や和声のニュアンスに合わせて美しい曲線を描くようにしましょう。

　演奏については，細かい音符を丁寧に演奏しましょう。また，指揮者に向かって歌うのではなく，客席後方に向かって，客席の空間を歌声で満たす感覚で歌ってみてください。

Q.160
コンクールにおける選曲のコツとは？

A 様々な要素を加味して，「その年のメンバーの一番よいところ（魅力）」が伝わるような選曲をします。そのためにたくさんのレパートリーを常日ごろから勉強しておくことをオススメします。あとは「好きこそものの上手なれ」。やると決めたら，選曲した曲にどれだけ惚れ込めるか，も大事だと思います。

　コンクールにおけるよい選曲とは，その年のメンバーの一番よいところ（魅力）が伝わるような選曲であると考えています。

　パート編成，言語，時代，作曲家，伴奏つきかア・カペラか，などなど，様々な要素を加味して選曲を行います。そのためには曲をたくさん知っている必要があります。

　ある有名な合唱指揮者の巨匠の言葉に，「選曲は千曲（センキョク）から選ぶから選曲（センキョク）なのです」というものがあります。コンクールのレパートリーにできそうな曲と出会ったら楽譜を取り寄せて，譜読みをします。この場合の譜読みとは，作品を勉強しつつ，

・自分たちの合唱団で取り組むとしたら，どのような手順で練習を進めていくか。
・どういうところで手間取りそうか。
・どのくらいで譜読みが完了しそうか。
・どういうアピールポイントをつくれそうか。また反対に，どのような弱点が目立つ可能性があるか。

などを検討することを指します。

Q.161

生徒の実情に合わせて曲を選ぶべき？
チャレンジした方がいい？

A セオリー通りなら，「生徒の実情に合わせて曲を選びましょう」と書くところですが，「生徒の実情から，どのくらいなら背伸びした選曲ができるか？」ということかなと思いますので，ここではあえて，「邪道」の方法をお示ししましょう。

　まず，過去大会のプログラムを集めます（過去大会の選曲は全日本合唱連盟のサイトにも掲載されているので，インターネットで調べることもできます）。その中で自分たちの目標としている技術水準の団体がどんな曲を選曲しているか，できるだけさかのぼって調べます。

　セオリー通りなら，「コンクールで他の団体がやった曲ではなく，生徒の実情に合わせて曲を選びましょう」と書くところですが，あえて，一通り楽譜を入手します。そして，セオリー通りなら「録音物に頼らず，楽譜を読んで曲を選びましょう」と書くところですが，あえて，YouTube などで演奏を聴いてみたり楽譜を読んだりします。その中で，

①演奏できそうなもの
②少し大変そうなもの
③演奏できなさそうなもの

を仕分けします。

　そして，ここからが大切なのですが，筆者なら②を選びます。当然，普通は①を選ぶところですが，こういった質問者さんは心の中では，チャレンジングな選曲をしたいと思っているはずです（だって，もしそうでなければこのような質問はしないでしょう？）。

Q.162
「もっとアンサンブルする」とは，
具体的にはどういうこと？

A 「アンサンブル ensemble」とはフランス語で「一緒に」という意味です。「もっとアンサンブルしてください」という講評は，歌い手がより一体感をもち，聴き合いながら協調して演奏することが求められていると考えられます。

　よいアンサンブルとは何か。よいアンサンブルでは，演奏者がお互いの音をよく聴き合うことによって，ダイナミクスや音色，ピッチを常に適切に調整しながら演奏していきます。その結果として，全体として統一感のある演奏になります。

①コミュニケーションをとること

　楽譜にかじりついていたり，指揮者を凝視したりしていてはアンサンブルしている余裕がないように見えてしまいます。客席を意識したり，歌い手たちが互いに目を合わせたり，アイコンタクトをとったりすることで，歌い手同士のコミュニケーションをとってみてください。

②表面的なパフォーマンスは NG

　一方で，時々，表面的なパフォーマンスとして歌い手同士のコミュニケーションをとるポーズをアピールする演奏に出会いますが，このような場合は実際に出てくる音楽は全然アンサンブルしていないので審査員に簡単に見破られてしまいます。

③指揮者との関係

　指揮者がいないとズレてしまう，演奏ができない，というような状態ではアンサンブルしていると言える状況ではありません。また，指揮者がエキサイトして，歌い手は自分のことで必死，という状態もアンサンブルしているようには見えません。

Q.163
金賞を受賞するような合唱の響きは
ごく狭い範囲における理想では？

Ａ　これは大切な視点だと思います。そもそも，合唱コンクールでの評価は，その日の演奏について，それぞれの団体がもつ技術や表現力を評価したものでしかありません。一般に，合唱コンクールで評価される合唱の響きには，以下のような要素が挙げられます。

・ピッチ：正確であること。

・トーン：均等で，美しいこと。

・ダイナミクス：幅広く，適切であること。

・テンポ：正確かつ，適切なアゴーギクがあること。

・表現：適切で，過不足がないこと。

　「合唱コンクールで評価される発声法」についても同様のことが言えます。合唱コンクールでは，評価基準が決められているため，合唱コンクールで評価される発声法もまた，それにしたがって発声することが求められるため，独自性や創造性には限界があると考えられます。

　合唱活動において，金賞を取るような響きをつくる，発声を身につけることは決して「誰にでもできること」ではありません。しかしながら，それだけではないことを生徒に説明し，他にも大切なことがあることを教えることが重要です。「合唱コンクールで評価される響き」「合唱コンクールで評価される発声法」を目指すあまり，排他的な合唱活動になってしまうのは本末転倒です。

　私たち音楽教師は，生徒が音楽に対して興味をもち，音楽に対する深い理解をもつことを目指しながら，コンクールに向けた指導をすることが大切です。

Q.164
「金賞を取りたい」という生徒に
どう伝えたらいい？

A 「合唱コンクールで金賞が取りたい」という生徒の気持ちを受け止めたうえで，全力で合唱活動に励みつつ，合唱活動は，金賞を取ることだけが大切なのではないということを丁寧に伝えていきましょう。

例えば，合唱において大切なことは，ざっと挙げても，

・練習を通して自己と向き合うこと
・自らを律すること
・音楽に対する深い理解
・学びに対する謙虚さ
・他人とのコミュニケーション
・チームワーク

など，数えきれません。それらを，合唱活動を通して生徒に伝えることが重要です。金賞を取ることが合唱活動の「唯一の目的」であると考えることは，部活としても，音楽教育においてもまったく本質的ではありません。金賞を受賞することはもちろん喜ばしいことですが，当たり前ですがそれだけでは音楽教育が成功したとは言えません。

コンクールでの優れた成績は，グループの評価を高めるだけでなく，自尊心の向上につながります。しかし，「実るほど頭を垂れる稲穂かな」。金賞を受賞しても驕ることがないようにしなければならないのは言うまでもありません。このような態度では生徒からの信頼を失い，栄光は長くは続かないでしょう。

一方で，「コンクールなんて意味ないよ」「金賞なんて意味ないよ」というような冷笑的態度も同様に避けるべきと考えます。生徒に対して皮肉やからかいなどの態度で接したり，斜に構えた態度を見せたりしてもやはり信頼を失うだけでしょう。

Q.165
よい賞を受賞する団体とあと一歩届かない
団体の差はどこにある？①

　　　コンクールのレベルにもよりますが，一般的な県大会→支部大会→全
A　　国大会と続く合唱コンクールでは各賞を受賞する団体には，ある程度
のレベルの差があります。あくまでも筆者が参加したり審査員をしたりして
いる経験則ですが，参考程度に賞ごとのレベル感を記述します。なお，もち
ろん，相対評価のコンクールではどの水準で賞が分かれるかは出演団体数と
出演団体のレベル次第であることは言うまでもありません。

　県大会は地域によってレベル差やローカルルールの違いがありますが，一
番基本的なパターンとしては参加団体には金賞，銀賞，銅賞が与えられ，金
賞団体が上位大会である支部大会に推薦される仕組みをもっています。

①県大会銅賞のレベル

　音取りが完了していない，または練習では音取りが完了していたかに思え
たが，本番は空中分解してしまった，という段階の合唱団がこのレベルとな
る傾向があります。

②県大会銀賞のレベル

　音取りは完了していて，演奏自体は行えたが，基本的な技術（発声，音色，
ピッチ，ダイナミクスレンジ，発音，リズム，テンポ，ハーモニーのバラン
スなど）に難がある，という段階の合唱団が県大会金賞に一歩届かない，こ
のレベルに留まる傾向があります。

③県大会金賞のレベル

　音取りは完了していて，演奏が行えたうえで，基本的な技術（発声，音色，
ピッチ，ダイナミクスレンジ，発音，リズム，テンポ，ハーモニーのバラン
ス，曲についての音楽解釈など）に著しい難がない，ということが要求され
ます。

Q.166

よい賞を受賞する団体とあと一歩届かない
団体の差はどこにある？②

A　各県コンクールで上位入賞したグループが，上位大会である支部大会
に進みます。出場団体の水準は支部大会によって異なるため，ここで
も参考程度に，賞ごとのレベル感を記述します。

①支部大会銅賞のレベル

　県大会をギリギリ通過していたり，基本的な技術（発声，音色，ピッチ，
ダイナミクスレンジ，発音，リズム，テンポ，ハーモニーのバランスなど）
に難があったものの相対評価で代表に選ばれたり，そして，その難を県大会
から支部大会までの間にクリアすることができなかったりしている，という
事情を抱えたグループがこのレベルに留まる傾向があります。

②支部大会銀賞のレベル

　支部大会銅賞のレベルと比較すれば，基本的な技術（発声，音色，ピッチ，
ダイナミクスレンジ，発音，リズム，テンポ，ハーモニーのバランスなど）
に難があったものの相対評価で代表に選ばれたり，そして，その難を県大会
から支部大会までの間にある程度クリアしたりすることができた，しかしな
がら，十全ではないグループがこのレベルとなる傾向があります。

③支部大会金賞のレベル

　基本的な技術（発声，音色，ピッチ，ダイナミクスレンジ，発音，リズム，
テンポ，ハーモニーのバランスなど）に難がないだけでなく，それらが磨か
れて，魅力を発信しているグループが該当します。

　支部大会ダメ金（代表権なし）と代表金賞の違いは，技術の磨かれ度合い，
魅力の発信力の差に加えて，参加団体数と代表推薦枠数，そしてこのあたり
から審査員の好みもシビアに関係してきます。

Q.167

よい賞を受賞する団体とあと一歩届かない
団体の差はどこにある？③

A 全国大会は，合唱コンクールに出場するすべてのグループにとっての
夢舞台です。全国大会に出場するだけでも大変なことですし，一生の
思い出になるでしょう。せっかく全国大会で歌うことができたのに結果に対
して一喜一憂することに終始するのはつまらないことですから，全国大会ま
で辿り着いたグループは全団体金賞でよいのではないか，といつも思ってい
ます。

①全国大会銅賞，銀賞のレベル

支部大会のレベルと比較すれば，基本的な技術（発声，音色，ピッチ，ダ
イナミクスレンジ，発音，リズム，テンポ，ハーモニーのバランス etc.）
に難は少なく，魅力を発信しているが，精度や，解釈，そして，選曲の面で，
全国大会という場で演奏するという意味合いにおいて，全国金賞にふさわし
い説得力にとぼしい，と審査員の過半数が判断すると金賞にあと一歩届かな
い傾向があります。

②全国大会金賞のレベル

ここまでのレベルとは比べ物にならない程度に，基本的な技術（発声，音
色，ピッチ，ダイナミクスレンジ，発音，リズム，テンポ，ハーモニーのバ
ランス etc.）に難がないだけでなく，それらが磨かれて，団体の魅力を発
信していることに加えて，参加団体数と金賞枠数，そして，審査員の好みも
如実に関係してきますし，何より選曲が重要になってきます。

あらゆる角度から見て，精度や全国大会という場で演奏するという意味合
いにおいて，全国金賞にふさわしい説得力があるというグループのみが全国
大会金賞の頂に到達することができます。

Q.168
どうしたらコンクールで金賞が取れる？

　　この質問に答えを出すことは非常に困難，いや「不可能」と言った方
Aがひょっとすると正確かもしれません。また「そのようなことは音楽
の本質とは関係がない，したがって考える必要がない」と正論でお茶を濁す
ことも簡単です。それでも，それらを承知のうえでの質問として，そのお気
持ちに正面から応えたいと思います。

　前提として，もし，コンクールの評価が絶対評価であれば，ただただ「必
要なこと」をやっていくしかないのですが，多くのコンクールが相対評価な
ので，問題を難しくしています。

　相対評価における「難しさ」は，例えば，絶対評価における「必要なこ
と」をすべて高い水準で実現している学校が3校あったが，金賞の枠は1つ
しかない，といったシチュエーションが生じることがある点に集約されます。

　最後にエールを送りたいと思います。

　「ライバル校の指揮者よりも，ご自身は明らかに上回る努力をしている，
と断言できるでしょうか？」

　「1日24時間の中で，どのくらいの時間合唱のことを考えていますか？」

　「自分に足りないものがあるとしたら，それは何だと思いますか？」

　「それを補うために，何か行動を起こしていますか？」

　日々しっかりと活動していればチャンスが巡ってくるときが必ず来ます。
逆に，巡ってきたチャンスをモノにできるのは日々しっかりと活動している
人だけです。応援しています！

Q.169
音感を養うにはどうすればいい？

A 「音を思い浮かべる」「心の中で歌う」練習をしてみてください。実際に歌うのと，心の中で歌うのは，音読と黙読の関係に似ています。演奏するべき音を，実際に声を出さずに頭に思い浮かべる能力は楽譜の読譜能力であるソルフェージュの根幹となる能力です。以下に，音感を養うためのアイデアをいくつか紹介します。まず，音がうまく取れない人は，そもそも日頃から音楽を聴く習慣がないことが多いです。演奏する曲を意識して聴く習慣をもつところから始めましょう。また，音取り用のパート音源のようなものだけでなく，CD や YouTube などで参考音源も聴きましょう。

①口伝
　一緒に歌って口伝で音を伝えるのも，ピアノの音は段々減衰してしまうため音を取りづらい場合には有効です。

②おうむ返し
　口伝の応用として，リーダーが歌ったメロディをおうむ返しする練習も音を取れるようにするためのよい練習になります。キーボードやピアノで弾いた音をおうむ返しするのもよいでしょう。

③聴き取り練習
　正しいメロディと間違ったメロディの2種類をピアノで弾いて，どちらが正しいかクイズを出題するのもよい練習法です。正しい音を認識していないと正しい音で歌うこともできません。

④発声を磨く（アウトプット）
　発声がよくないと声が出しづらくなり，ピッチが取りにくくなります。風邪をひくとピッチが低めになったり，ピッチが悪くなったりするのと似たような症状です。適切にアウトプットできるように発声を磨きましょう。

Q.170

楽譜通りに演奏できるのに何か物足りないとき，どうしたらいい？

A 楽譜通りに演奏できるというのは，誰でもできるわけではありません。すでにとてもよい水準に達しているということをお伝えしたうえで，楽譜に書いていない（書ききれない）ことを楽譜から読み取って演奏に反映させましょう。楽譜に書いていない（書ききれない）こととしては，以下のような要素があると考えられます。

①音色

音の３要素「音量，音高，音色」の中で，最も楽譜に書ききれないのが音色です。楽語などを使って，イメージを書き込むことはできますが実際の音色づくりは演奏者に任されています。どのような音色が適切か，歌詞や和声のニュアンスから導き出すことにチャレンジしてみてください。

②アゴーギク

楽譜に書ききれない細かいテンポの変化も演奏者によって様々な解釈ができるポイントです。どのようなアゴーギクがより自然か，in tempo より自然で，かつやりすぎない，適切なアゴーギクを見つけましょう。

③フレージング（音量の推移）

楽譜に書ききれない細やかな音量の推移，フレージングは音量の線グラフに置き換えることができますが，このラインをどのように造形するかが演奏の陰影や抑揚を決定します。

④イントネーション（様々な音律）

これはかなり専門的な内容ですが，平均律で調律されたピアノの音を基準として，やや高めに歌った方が情感が出たり，生き生きした響きになったり，わずかに低めに歌った方がより十全なハモりになったりする音があります。

Q.171

「聴くこと」を訓練するためには
どんなことを意識する必要がある？

A 合唱指揮者は合唱団が出すサウンドの中から様々な要素を聴き分けることで，理想のサウンドと現状のサウンドの違いを指摘することができます。ここでは基本的な要素である「音の3要素（音量，音高，音色）」と合唱のサウンドについて，聴き分けるポイントを記述します。

「音の3要素」は，以下の3つからなります。

①音量と合唱のサウンド

音量と合唱のサウンドについて，聴き分けるポイントとしてまず挙げられるのは，フレージングです。フレージングを「音量の線グラフ」として捉えると，楽譜に記述されているダイナミクスでは書ききれない細かな音量変化まで聴き分ける必要があることに気がつくでしょう。

②音高と合唱のサウンド

音高と合唱のサウンドについて，聴き分けるポイントとしてまっさきに挙げられるのは「イントネーション」です。「平均律」と「純正律」の違いを学ぶことで「聴くこと」そのものも強化されます。イントネーションは音楽表現と直結しています。

③音色と合唱のサウンド

音色と合唱サウンドは一番聴き分けることが容易な反面，「センスのよい好み」を身につけることが大事であるという意味では最も複雑な要素であるとも言えます。様々な合唱演奏，および他ジャンルの演奏を聴いて「センスのよい好み」を身につけましょう。

Q.172
外国語作品は
どういうふうに勉強していけばいい？

A　外国作品に取り組む場合は，まずは日本語訳詞を読むのがよいでしょう。逐語訳を使って日本語との語感の違いを感じましょう。そのうえで辞書などを用いて発音，アクセント，逐語訳的な意味を確認します。語感をイメージしづらい場合は，Google 画像検索なども駆使しましょう。

　次に，フレーズで読んでいきます。文法的な意味のかたまり，修飾，被修飾関係も意識します。

例：Ave verum corpus

Ave	めでたし
verum corpus	まことの御身体
natum	生まれた
de Maria Virgine	処女マリアから

などです。これらを参考にして，例えば，「verum と corpus の間は意味がつながっているからノンブレスでいこう」というようにフレージングやカンニング・ブレスの位置を決めていきます。

　声を出さず情景をイメージすることも大切な練習です。歌ったり，読んだりするとき，イメージをもたずにどんどん流してしまうと，平板な歌や読みになってしまいます。イメージの有無は，発声に影響を与えます。イメージは息づかいや顔の表情に影響を与えるからです。歌は節のついた朗読です。表現するという面では歌も朗読もイメージが大切です。

Q.173
合唱のサウンドで
好ましい響きをつくり出すためのコツとは？

A 合唱のサウンドづくりについて，好ましい響きをつくり出すためには，合唱の2つの両輪，すなわちソルフェージュと発声技術の両方からアプローチすることが大切です。

ソルフェージュの観点では，合唱のサウンドづくりには，以下の2点が重要です。

①指揮者が好ましい理想の響きを思い浮かべている

合唱のサウンドづくりにおいて，当然ですが指揮者が好ましい理想の響きを思い浮かべていることが必須です。そのためには，楽譜をよく読み込み，どのような響きで演奏するのが理想的かを読み取る力が必要です。この力は楽譜をたくさん読み，たくさんのよい演奏を聴くことで養われていきます。

②歌い手が好ましい理想の響きを思い浮かべている

指揮者に加えて，歌い手側も好ましい理想の響きを思い浮かべていることが理想です。多くの場合，指揮者が思い浮かべている好ましい理想の響きと歌い手が思い浮かべている好ましい理想の響きとの間にはギャップがあるものですから，リハーサルはそのギャップを埋めていく時間であるという言い方もできるでしょう。

合唱の「好ましい響き」を実現できるかどうかは，発声技術にかかっています。頭の中に描いた理想の響きを実際に音にする手段が発声技術です。何もないところから，発声技術によって合唱の「好ましい響き」が生み出されるのではありません。

まず，好ましい理想の響きを思い浮かべることから始まって，発声技術を通して，観客の耳に届きます。

Q.174

団員がレベルアップするために
日々意識づけておくべきこととは？

A 日々習慣づけておくべきたった一つのことは，「最大限，合唱の優先
順位を上げること」です。合唱部員であれば，勉強と両立しながらど
れだけの時間，合唱のことを考え，行動できるかがカギです。

どのくらいの部員が自宅練習をしているでしょうか。自宅練習をしたいが
やり方がわからないという部員も多いかもしれません。ここでは自宅練習の
コツについて説明いたします。

はじめに，「やるべきこと」を整理します。楽譜を読んでいき，
・取れていない音
・歌詞について
・歌えない音域の有無
・音量や表現
・ハーモニーについての注意点
を割り出していきます。

次にやるべきことから逆算し，今やるべきことを割り出します。今の時点
で取れていない音，外国語であれば単語の意味や発音，歌えない音域の有無，
音量，表現，ハーモニーなど，うまく歌えない箇所を本番までのスケジュー
ルと照らし合わせながら，今自分ができることを見つけます。

家で実際に歌うのは大変かもしれませんし，発声や表現，ハーモニーにつ
いては指導者から実際に指導を受けないと練習するのは難しいかもしれませ
ん。しかし例えば，「何がわからないのかわからない状態」で次の練習に参
加するよりも，自宅で「何がわからないのかはわかる状態」にするのはでき
る，というわけです。1日15分でも自宅練習（スキマ時間でもOK）をする
ことで，1週間で練習1回分になります。ぜひトライしてみてください。

Q.175
ルネサンス期の合唱作品に
取り組むときのコツとは？

A 「ルネサンス・ポリフォニーは，書道で言えば楷書であり，すべての合唱の基本である」という言葉があります。西洋音楽の源流を勉強することで実力アップ間違いなしですので，ぜひ取り組んでみましょう。コンセプトは，すべて「均整が取れた範囲（プロポーション）」で。いびつ（バロック）にならないです。

●フレージングについて

・基本的に　上行形→クレッシェンド（アルシス）

　　　　　　　　　下行形→デクレッシェンド（テーシス）

・やや長い音符（フレーズ末尾以外）

　→やわらかく入り，適度に膨らませる（シェイプ，シェイプする）

・その音の次に

ア）同じ音を歌い直すとき→丁寧に歌い直す（置くだけ）

イ）上行形が続くとき→クレッシェンド

ウ）下行形が続くとき→デクレッシェンド

　→ただしカデンツの場合はクレッシェンド

・ラテン語のアクセントの音節

　→適宜テヌート（イクトゥス）

●その他の留意点

１．テンポ，リズムを正確に保つこと。

２．フレーズをきちんとつくる（フレージング）。

３．音符の頭の音を正確に。

４．８分音符で流れるところはすべらない。

５．e 母音の発音を大切に。

６．子音を出すには唇を前の方に使って先取りするイメージ。

Q.176

合唱編曲したポップスへの苦手意識，どう打開する？

A まずは「普通の合唱曲」を歌うのと同じように取り組んでみてください。「ポップスらしさ」は特に意識しないで大丈夫です。「普通の合唱曲」と同じように取り組んで，しっかりと演奏として成立する状態に仕上がっていれば「ポップスらしさ」のニュアンスを加えても演奏は十分成立します。

「ポップスらしく」演奏しようとしてうまくいかない場合，「普通の合唱曲」として演奏しても成立していないことがほとんどです。まずは，「普通の合唱曲」と同じように取り組んで，しっかりと演奏として成立する状態に仕上げていきましょう。

「普通の合唱曲」と同じように取り組んで，しっかりと演奏として成立する状態に仕上がったら，「ポップスらしさ」のニュアンスを加えていくことができます。ここでは発声について，「ポップスらしさ」のニュアンスを加えるコツをお伝えします。

クラシック声楽に比べて，ポップス歌唱では許容される音色のバリエーションが様々です。クラシック声楽で一般的に「口を縦に開ける」ということが言われますが，それは音色のムラをできるだけ減らしたいからです。一方，ポップス歌唱では，歌詞のニュアンスや音楽のノリにマッチした様々な音色が使われるため，「口を横に引く」というやり方を使うことができます。「口を横に引く」度合いを調整することで，どのくらいポップス歌唱のニュアンスを加えるかをコントロールすることができます。

Q.177
個々人の歌唱力を底上げするためには
どんな練習が必要？

A 合唱部員個々人の歌唱力を底上げするためには，以下のような練習が役立つと考えられます。

①個人ヴォイストレーニング

通常の外部講師としてヴォイストレーナーを学校に呼ぶときは基本的には集団ヴォイストレーニングを行うと思いますが，歌唱に必要な基礎的なテクニックを学ぶためには個人ヴォイストレーニングをお願いするのが有効です。自分自身の弱点や課題を特定し，改善に役立てましょう。

例えば，１人あたり10分程度のヴォイスチェックのようなやり方でも OK です。姿勢，呼吸法，支えなど，基礎的なテクニックをしっかり見てもらうことで部員個々人の歌唱力を底上げすることができるでしょう。

②発表会形式の少人数アンサンブル練習

発表会形式の少人数アンサンブル練習は，個々の歌唱力を底上げするのに効果的です。発表会形式で，少人数で人前で歌うためには，自分のパートをしっかり勉強したうえで他パートを聴かなければなりません。したがって，発表会に至る練習の密度が自ずから高まり，部員個々人の歌唱力を底上げすることができるでしょう。

③基本的なソルフェージュのトレーニング

例えば，自分のパートをドレミでリズム読みをしたり，手拍子でリズムを鳴らしてみたり，ピアノで自分のパートを弾く練習をしたりすると基本的なソルフェージュのトレーニングになり，部員個々人の歌唱力を底上げすることができるでしょう。

Q.178

合唱練習で
どのようなことに気をつければいい？

A 目の前で鳴っている合唱は楽譜から読み取れる理想のサウンドそのものでしょうか。もしそうでないなら練習が必要なはずです。

①練習前に楽譜を読んで，音楽を思い浮かべる

指揮者の準備のすべての始まりは楽譜を読むことです。楽譜を読み，理想のサウンドをイメージします。同時にその理想のサウンドにどのように辿り着くかを考えることが練習内容や練習計画を検討することにつながります。

②歌唱のテクニックを学ぶ

楽譜を読み，音楽を思い浮かべたうえで理想のサウンドをイメージして，いざ合唱団と対峙すると，「頭の中に理想のサウンドはあるが，目の前の合唱団が出しているサウンドと頭の中の理想のサウンドの差をどのように埋めたらよいかがわからない」という悩みにぶつかります。その突破口となるのが歌唱のテクニックについての知識です。歌唱のテクニックについての知識は，目の前で鳴っている合唱団のサウンドと，楽譜から読み取れる理想のサウンドの差を埋める道具です。

③合唱団員の意向を反映しながら練習を進める

合唱団員に「何か気になることはありませんか？」と話を振ったり，「では今から時間を取りますので○分間，パートでミーティングをしてください」などというように，合唱団員の意向を反映しながら練習を進めましょう。その中でパートに関する課題が見えてきたらそのパートを取り出して練習することもできますし，全体に関する課題が見えてきたら全体で練習することができます。

Q.179
外部講師の先生を
お願いするときのポイントは？

A 外部講師の先生をお願いするときのポイントは次の通りです。

まず，外部講師を呼ぶ目的を明確にし，合唱部の目標と一致するようにします。例えば，発声指導を受けた方がよいのか，曲の指導をしてほしいのか，ダメ出しをしてほしいのか，本番に向けての総仕上げをしてほしいのか，など外部講師の先生としっかり摺り合わせましょう。

次に，外部講師の選定です。一口に「外部講師」と言っても，発声指導が得意な先生，曲の指導が得意な先生，本番に向けての仕上げがうまい先生，など様々な先生がいます。外部講師を選ぶ際には，目的に合った実績のある先生を選びましょう。外部講師と合唱部員との相性も大切です。定期的にお願いする前に何回か単発でお願いするのもリスクヘッジになるかと思います。

力のある外部講師の先生ほどスケジュールを押さえるのが大変です。外部講師にオファーを行うときは，

・合唱部員の出席状況を調整したうえで何日か候補日を提示する。

・同時に，必ず謝礼について確認をする。

の2点が大切です。謝礼の確認をせずにスケジュールだけ聞くのはマナー違反ですので注意が必要です。

外部講師の先生を迎える前に，練習に必要な準備をしましょう。一番大切な準備は出席率が高くなるように各人が予定を調整することです。また，曲のレッスンを受ける場合は，自分たちで準備できる範囲はしっかり音を取っておくなどが必要な準備です。しっかりと準備をして，合唱部員全員が成長できるように努めましょう。

Q.180
外部講師の先生をお招きする
メリットとデメリットとは？

A 外部講師の先生をお招きするメリットには，以下のようなものがあります。

まず，長い期間熱心な練習を続ければ続けるほど，煮詰まってしまいがちです。外部講師のまっさらな視点から，改善点を発見してもらうことで，停滞感から脱出することができます。

次に，専門性に裏打ちされた具体的な指導を受けることができます。抽象的な指導やイメージを伝える指導は，上級者でない限りはあまりうまくいかないでしょう。極力具体的に，わかりやすく改善点を伝えるのがよいでしょう。

そして，褒めてもらうことができます。毎日一緒に練習していると，短所ばかり目につくようになるかもしれません。しかし，短所を指摘することは生徒同士でも可能です。また，教師は毎日一緒にいるとなかなか面と向かって褒めることができなくなることも多いのではないでしょうか。そんな場合は，外部講師の先生にプロフェッショナルな観点から，よいところを見つけていただき，ここぞと言うときに褒めてもらいましょう。

それから，客観的なアドバイスを受けることができます。声楽のレッスンやヴォイストレーニング，合唱練習の中で指導者から客観的な指導を受ける必要があります。合唱演奏のクオリティを高めたければ，主観的な感覚に頼りすぎず，外部講師から客観的なアドバイスを受けることはとても重要なポイントです。

よい外部講師をブッキングできれば，デメリットのようなものはほとんどないでしょう。逆に相性が合わないと指導も演奏もチグハグな感じになってしまうので気をつけてください。

Q.181
合唱指導者には
どんな要素が必要？①

A 素質の面で言うと，例えば，音楽大学を卒業して音楽の専門知識や，基礎的なピアノの演奏能力をもっていると，合唱練習を円滑に進めやすくなります。しかし，それだけでよい合唱指導者になれるとは限りません。合唱指導者には，以下のような要素が必要だと考えています。

①音楽的な知識と技能

合唱指導者は合唱の技能に熟練している必要があります。ピッチ，強弱，音色，リズムなどの要素を聴き分け，合唱曲を的確に指導できることが求められます。加えて，音楽理論，和声，様式，音楽史，世界史，語学，哲学，生理学，音響学，声楽発声法に関する豊富な知識をもっている必要があります。さらに，基礎的なピアノの演奏能力をもっていると，合唱練習を円滑に進めやすくなります。

②継続的な学習と成長

合唱指導者として成功するためには，継続的な学習と成長が必要です。自分自身の指揮技術，指導技術，音楽解釈力を常に向上させることが求められます。さらに合唱並びに広く音楽の様々な分野について常に最新の情報を収集し，また人間的にも成長し続ける必要があります。

③歌唱力

合唱指導者は，自身も合唱の歌唱能力をもっていることが望ましいです。指導者自身が合唱を熱心に実践し，優れた歌唱を示すことで，団員にとっての模範となります。また，声楽発声法に関する豊富な知識も自身が合唱の歌唱能力をもっていること以上に重要です。

スポーツの世界でたびたび言われる「名選手，必ずしも，名監督にあらず」をもじれば，「名歌手，必ずしも，名指導者にあらず」です。

Q.182
合唱指導者には
どんな要素が必要？②

A 前項目の①〜③をもっていてもよい合唱指導者になれるとは限りません。それはなぜでしょうか。以下の④〜⑦の要素にその秘密があります。

④コミュニケーション能力

合唱指導者にとって，合唱団員とのコミュニケーションは非常に重要です。合唱団員の個性を理解し，指導者の意図を的確に伝えて，合唱団員の意見や要望にも耳を傾けることも重要です。

⑤リーダーシップスキル

合唱指導者は，合唱団員をリードするリーダーシップ能力が求められます。合唱団を一つのチームとしてとらえ，チームを率いるリーダーとしての能力が必要です。合唱指導者は，合唱団員のモチベーションを高め，共通の目標に向かって取り組むことができるように指導することが求められます。

⑥組織的能力

合唱指導者は，練習スケジュールや演奏会の準備，コンクールの出場申し込みや楽譜や練習会場の手配など，事務的な能力をもっていることも重要です。難しい場合は，役割を分担しチームを組織化する必要があります。

⑦熱意と情熱

当然のことながら，合唱指導者は，音楽に対する熱意と情熱をもっていることが重要です。自分自身が音楽を愛し，それを伝えることができることで合唱団員にも音楽への情熱を伝えることができます。

以上，これらの要素が合唱指導者に求められるものであり，それらをバランスよくもち合わせていることが，成功するために重要だと考えています。

おわりに

　本書のすべての項目を書き終わり，私は今「おわりに」を書き始めています。

　人生は一度きり。一度きりの人生を目の前の子どもたちのために最善を尽くすことに費やす先生方に，私は心からの尊敬の念を贈ります。

　前作，前々作に引き続き，お世話になりました明治図書の担当編集者の赤木恭平氏に深く感謝いたします。

　また，日々筆者の指揮で合唱してくれている合唱団員の皆さんに心から感謝いたします。皆さんとの合唱活動が本書の１ページ１ページに反映されています。

　そして，限られた時間を犠牲にしていながら，ここまで執筆を理解し，応援し続けてきてくれた，最愛の妻と１歳の娘に心から感謝したいと思います。

「合唱が好きな人に，悪い人は絶対にいない」

　この愛すべき合唱の世界が，私は大好きです。何の恥じらいもなく，私は，いつでも断言します。合唱を愛しています。

今作も，現時点で私がベストだと考える合唱指導法を詰め込みました。私はこれからも，よりよい合唱指導を求めて自分の人生を突き進んでいきます。目の前の子どもたちのために最善を尽くす，あなたを応援し続けられる存在でいられるように。

　本書の内容についての疑問点は私のTwitter（黒川和伸・Twitterアカウント @chorusmasterK）にリプライすることで私に直接質問することができます。また，コンクールや合唱祭など，どこかでお会いすることがあったらぜひ声をかけてください。ご質問にお答えします。

「続けよう。継続すれば誰でも上達する」（テッド・ウィリアムズ）

2023年4月

黒川和伸

【著者紹介】
黒川　和伸（くろかわ　かずのぶ）
合唱指揮者。1979年生まれ。千葉県出身。
市川市立南行徳中学校合唱部での田中安茂氏との邂逅により合唱を始める。
千葉大学教育学部音楽科，および東京藝術大学音楽学部声楽科卒業。東京藝術大学大学院修士課程（音楽教育専攻）修了。音楽教育を佐野靖，声楽を多田羅迪夫，福島明也，指揮法を高階正光，樋本英一，ヴォイストレーニングを永田孝志の各氏に師事。
VOCE ARMONICA 指揮者として声楽アンサンブルコンテスト全国大会一般部門第1位金賞を受賞。全日本合唱コンクール全国大会において金賞・カワイ奨励賞を受賞。

合唱指導がもっとうまくなる Tips 大全

2023年8月初版第1刷刊　©著　者　黒　川　和　伸
発行者　藤　原　光　政
発行所　明治図書出版株式会社
http://www.meijitosho.co.jp
（企画）赤木恭平（校正）宮森由紀子・高梨修
〒114-0023　東京都北区滝野川7-46-1
振替00160-5-151318　電話03(5907)6701
ご注文窓口　電話03(5907)6668

＊検印省略　　　組版所　株 式 会 社 明 昌 堂

Printed in Japan　　ISBN978-4-18-388330-8
もれなくクーポンがもらえる！読者アンケートはこちらから